# SUPPLÉMENT

AU

# TRAITÉ DES CHEMINS.

# OUVRAGES DU MÊME AUTEUR.

*Régime*, ou *Traité des rivières et cours d'eau de toutes les espèces salines et ateliers insalubres.* 3ᵉ édition ; 4 vol. in-8°. — Prix : 20 fr., et 26 fr. par la poste.

*Traité de l'usure dans les transactions civiles et commerciales.* 1 vol. in-8°.

*Journal de législation et de jurisprudence commerciales.*

*Traité des actions possessoires.* 2ᵉ édition ; 1 vol. in-8°.—Prix : 6 fr., et 8 fr. par la poste.

*Traité des chemins.* 4ᵉ édition ; 1 vol. in-8°.—Prix : 8 fr., et 11 fr. par la poste.

Le présent *Supplément*, 3 fr., et 4 fr. par la poste.

DE L'IMPRIMERIE DE PILLET AINÉ
rue des Grands-Augustins, n. 7.

# SUPPLÉMENT

### A LA 4me ÉDITION

#### DU

# TRAITÉ DES CHEMINS.

## PAR F. X. P. GARNIER,

Président de l'ordre des Avocats aux Conseils du roi et à la Cour de Cassation;

COMPRENANT, DANS UNE PREMIÈRE PARTIE,

## LE COMMENTAIRE DE LA LOI DU 21 MAI 1836,

### SUR LES CHEMINS VICINAUX;

ET DANS UNE SECONDE,

## DES CHANGEMENS ET AUGMENTATIONS

### SUR LES CHEMINS DE TOUTES LES ESPÈCES,

## TROISIÈME ÉDITION.

# A PARIS,

## CHEZ L'ÉDITEUR, RUE DE L'ODÉON, N° 36

1842.

# PREMIÈRE PARTIE.

# COMMENTAIRE

## SUR LA LOI DU 21 MAI 1856

### RELATIVE AUX CHEMINS VICINAUX.

#### SECTION 1ᵉ. — CHEMINS VICINAUX.

##### ARTICLE PREMIER.

### TEXTE.

« Les chemins vicinaux légalement reconnus sont à la charge des communes, sauf les dispositions de l'art. 7 ci-après. »

### COMMENTAIRE.

La loi que nous expliquons divise les chemins en deux classes générales. Dans la première, elle range ceux que l'on peut considérer comme chemins vicinaux ordinaires, et qui ont été déclarés tels par le préfet, qu'ils servent aux habitans d'une seule commune entre eux, ou aux communications des habitans de plusieurs communes. La seconde comprend les chemins d'une plus grande utilité et qui ont reçu , par cette raison, la dénomination de chemins vicinaux de grande communication.

L'art. 1er de la nouvelle loi laisse subsister, sur la définition des chemins vicinaux, tous les principes que nous avons développés dans le 1er chapitre de la 2e partie de notre 4e édition du *Traité des Chemins*, p. 248 et suivantes.

Il maintient la dénomination de chemins vicinaux usitée de tout tems, non-seulement dans le langage habituel , mais encore dans celui des lois. La chambre des députés ne donnait ce nom qu'aux chemins d'une importance et d'une utilité générales; elle appelait les autres communaux. Sans doute , tous les chemins qui traversent les communes et qui leur appartiennent sont par cela même communaux, quel que soit l'usage plus ou moins restreint qu'on en fasse. Sous ce rapport , la définition était juste , mais elle était défectueuse sous un autre point de vue. L'intention de la loi est de faire entretenir , non tous les chemins appartenant aux communes , mais seulement ceux qui ont assez d'importance , d'étendue pour être consacrés au public , et de varier l'emploi des ressources qu'elle a créées suivant les divers degrés d'utilité de chacun d'eux. Ils ne pouvaient être désignés que sous le nom générique de chemins vicinaux, c'est-à-dire de voies qui conduisent dans le voisinage. Évidemment, cette dénomination comprend tous les moyens de communication dont l'autorité compétente a jugé à propos de mettre l'entretien à la charge du public. Elle embrasse dans sa généralité, non-seulement les chemins que la loi appelle de grande communication , qui peuvent servir à un canton, à un arrondissement, mais même ceux qui ne sont utiles qu'aux habitans entre eux; par exemple, pour aller d'un hameau à un autre de la même commune, ou pour se rendre à une fontaine, à une église, à un édifice public.

L'autorité administrative pourra donc porter sur le tableau des chemins vicinaux, et faire entretenir ces dernières voies, d'une utilité restreinte à une commune seule ou à une partie notable des habitans, même à un simple hameau. La plus grande latitude lui est laissée à cet égard. Les dispositions sont purement facultatives. Personne n'a le droit ni de la contraindre à agir, ni de l'empêcher de faire ce que les localités, les circonstances dont elle est seule arbitre pourraient lui dicter.

C'est dans ce sens que s'est exprimé d'abord M. le comte Roy, rapporteur de la commission à la chambre des pairs :

« Jusqu'à présent, disait-il, tous les chemins communaux d'un usage commun, et dont l'entretien est à la charge des communes, ont été compris sous la dénomination de chemins vicinaux.

» C'est ce qui résulte positivement de la législation dont nous venons de vous rappeler les dispositions.

» C'est aussi ce qui est clairement exprimé par l'art. 381 du second projet de Code rural. Ici, le rapporteur transcrit le texte, qu'on trouvera p. 253 de notre *Traité*.

» Mais le projet de loi divise en trois classes les chemins vicinaux :

» Ceux d'un intérêt purement communal qui, sans sortir du territoire de la commune, conduisent d'un hameau à un autre, à l'église, à une forêt, à une exploitation intérieure, que le projet désigne sous la dénomination de chemins communaux ; ceux qui intéressent plusieurs communes ; ceux enfin d'une utilité collective et d'un intérêt plus général pour l'agriculture, le commerce et l'industrie, tels que ceux qui conduisent aux chefs-lieux d'arrondissement, de canton, à un marché, à une rivière, à une route royale ou départementale, lesquels, selon leur importance, pourront être déclarés vicinaux.

» Ces divisions et subdivisions des chemins vicinaux sous des dénominations diverses, avec un sens différent de celui qu'elles ont eu précédemment, nous a paru avoir des inconvéniens.

» Elles ne seraient souvent pas bien entendues par les habitans des campagnes, accoutumés à un autre langage, et pour lesquels, cependant, la législation vicinale est plus particulièrement faite.

» Elles apporteraient de la confusion dans les lois et de l'embarras dans leur application, et cet inconvénient serait d'autant plus grave que le projet de loi n'est pas un code général sur les chemins vicinaux, qu'il n'abroge pas les précédentes lois, et qu'il s'y réfère au contraire en tout ce en quoi elles ne sont pas contraires à ses dispositions.

» En maintenant, au contraire, les dénominations ordinaires dans le sens qu'elles ont toujours eu, le projet de loi en aura plus de simplicité et n'en éprouvera au fond aucune altération réelle.

» Si vous adoptez, Messieurs, notre proposition, les chemins vicinaux ne seront divisés qu'en deux classes.

» Leur classement donnera à chacun son caractère distinctif et déterminera les conditions de son existence.

» Les chemins simplement reconnus chemins vicinaux, par arrêté du préfet, resteront dans le droit commun et continueront d'être à la charge des communes sur le territoire desquelles ils sont établis.

» Ils demeureront sous la direction municipale, mais sous la surveillance du préfet toujours chargé de faire exécuter les lois.

» Et dans le cas où, par leur importance, des chemins devraient être dirigés ou entretenus dans un but d'utilité collective, ils seront, sur la proposition du préfet et sur l'avis des conseils d'arrondissement, déclarés par le conseil-général *chemins vicinaux de grande communication.*

» Appelés à recevoir des subventions sur les fonds du département, c'est au conseil-général qu'il appartient d'en faire le classement.

» Classés dans un intérêt collectif, ils ne peuvent être placés que sous l'autorité supérieure du préfet.

» Ainsi, Messieurs, le classement des chemins vicinaux les placera dans des situations différentes, mais il n'en changera pas la nature. Les chemins à la charge de l'état sont considérés comme des dépendances du domaine public (art. 538 du Code civil); mais les chemins vicinaux font partie des biens communaux, à la propriété desquels les habitans d'une ou plusieurs communes ont un droit acquis (art. 542); et c'est par cette raison que la charge de leur construction, de leur entretien et des indemnités pour acquisitions des terrains nécessaires à leur établissement, est imposée aux communes dans l'étendue de leur territoire. »

Dans le cours de la discussion approfondie qui eut lieu à la chambre des pairs, un membre, M. le marquis Barthélemy, demanda qu'il fût bien expliqué que les communications qui ne servaient qu'aux habitans d'une commune, soit pour aller d'un hameau à l'autre, soit pour se rendre à une fontaine, à un port, à une église, pourraient être con sidérées comme vicinales, et, à ce titre, classées par le préfet.

Mais les ministres des affaires étrangères et de l'intérieur s'opposèrent à ce que ces détails fussent insérés dans la loi, par le motif que cela était inutile ; que l'administration avait tout pouvoir sur ce point ; qu'il fallait lui laisser son libre arbitre et ne point l'enchaîner par une spécification ; que la généralité des termes de l'article comprenait ce qui était demandé : en cons quence , l'amendement fut retiré par son auteur, et lorsque la loi retourna à la chambre des députés, par suite des changemens qu'y avait faits la chambre des pairs, M. Vatout s'exprima ainsi dans son rapport :

« ..... Il reste bien entendu que les chemins uniquement destinés à l'usage intérieur de la commune ne sont pas déshérités du bénéfice de la loi, de sorte que toutes les fois que l'importance d'un de ces chemins sera démontrée , le préfet, usant du droit que lui donne la loi du 28 juillet 1824, pourra le reconnaître comme chemin vicinal ordinaire , et le faire ainsi participer aux ressources réservées pour cette classe de chemins. »

La commission de la chambre des pairs avait proposé d'ajouter à l'art. 1er, après les mots à la charge des communes , ceux-ci : *sur le territoire desquelles ils sont établis ;* mais le gouvernement s'est opposé à cet amendement, par le motif qu'il eût lié l'administration et eût souvent produit d'injustes conséquences , en ce qu'il aurait pu arriver qu'un chemin aurait traversé une commune sans lui servir, et eût été utile presque exclusivement à une autre sur le territoire de laquelle il n'aurait fait que prendre naissance.

On ajoutait que la charge devant être proportionnée au

bénéfice, l'obligation d'entretenir ou réparer devait être imposée aux communes, eu égard à l'usage et à la détérioration, sans considérer l'étendue du parcours sur tel ou tel territoire. Ces raisons ont prévalu, et l'amendement a été rejeté.

C'est par des motifs absolument identiques que ces expressions *sur le territoire desquelles ils sont établis* avaient été retranchées, par la chambre des députés, du projet de la commission. Les deux chambres ont donc été d'accord pour opérer la même suppression dans les projets de leurs commissions.

Il est évident que l'article ci-dessus ne comprend pas les rues et places des villes, ni même celles de l'intérieur des villages et bourgs, qu'elles soient pavées ou non. Elles sont régies par d'autres règles. La loi ne s'occupe que des chemins vicinaux, et, sous cette dénomination, on ne peut comprendre que les voies de communications extérieures aux villes, bourgs et villages. Les rues et places de l'intérieur ne peuvent donc pas être portées sur l'état des chemins vicinaux.

Mais il peut y avoir, dans certains cas, quelque incertitude sur le point précis où finit le chemin vicinal et où commence et se termine la voie publique. Quelques habitations éparses dans les champs, le long d'un chemin, ne peuvent lui donner le caractère de rue ; il faut pour cela qu'il y ait un certain nombre d'habitations agglomérées ; au surplus, la décision de ce point est abandonnée au pouvoir discrétionnaire de l'administration. Il faut reconnaître qu'une voie publique, qui, sur une certaine longueur, serait bordée des deux côtés de maisons contiguës ou presque contiguës, serait évidemment une rue.

Comme l'a dit M. le comte Roy, la loi nouvelle n'est point un Code complet sur la matière. Elle a seulement pour but d'apporter quelques modifications à la législation antérieure; par conséquent, celle-ci reste en vigueur dans toutes celles de ses dispositions auxquelles il n'est rien changé. Il s'ensuit que l'art. 1<sup>er</sup> de la loi du 28 juillet 1824 doit être encore exécuté.

C'est aux préfets de reconnaître et de déclarer la vicinalité, de fixer la direction et la largeur des chemins, sur les délibérations des conseils municipaux. Si l'article 1<sup>er</sup> de la loi nouvelle ne rappelle pas celle de 1824, c'est que, d'une part, celle-ci n'est point la seule qui ait réglé en ce point les attributions administratives, et que, de l'autre, ces mêmes attributions pourraient être changées par une loi subséquente. On a pensé avec raison qu'il suffisait de dire d'une manière générale : *les chemins vicinaux* LÉGALEMENT *reconnus*, pour faire complètement comprendre qu'on devait s'en référer à la législation antérieure, puisque celle actuelle ne contient aucune règle à cet égard.

La prétention de propriété élevée par un particulier, lors même qu'elle est reconnue par la commune ou par une décision judiciaire, n'empêche pas le classement et n'oblige pas au déclassement d'un chemin qui serait considéré comme d'utilité publique; c'est une conséquence de l'art. 15 de la loi; ce serait seulement une considération qui pourrait influer plus ou moins sur la détermination de l'autorité.

Le déclassement d'un chemin doit se faire de la même manière et par la même autorité que le classement. Cependant, il est nécessaire de remplir une formalité de plus avant de prononcer le déclassement : il faut en faire délibérer les conseils municipaux des communes qui peuvent avoir intérêt à la conservation de ce chemin ; et, s'il n'y a pas unanimité, une enquête doit avoir lieu dans ces communes.

Il est bien entendu que la généralité des termes de l'art. 1er embrasse le passé et le futur, c'est-à-dire tant les chemins reconnus vicinaux avant la loi que ceux qui le seraient à l'avenir. Un amendement avait été proposé à la chambre des députés pour faire spécifier les deux cas ; il n'eut pas de suite, sur l'observation du président de la chambre que cela était de droit.

Les chemins vicinaux légalement reconnus sont donc les seuls que la commune doive entretenir et pour lesquels elle puisse user, contre les habitans, des voies de contrainte et des moyens d'exécution réglés par la loi que nous expliquons ; il s'ensuit nécessairement que, si un chemin non classé était impraticable, les particuliers n'auraient pas le droit de se frayer un passage gratuit sur les terres voisines, en renvoyant le propriétaire à se faire allouer une indemnité par la commune aux termes de l'art. 41, tit. 2, de la loi du 6 octobre 1791, et qu'il y aurait seulement lieu à appliquer les principes de l'enclave. (Arr. cass., 17 février 1841.)

Nous renvoyons, au surplus, à ce que nous avons dit dans le chap. ii de notre *Traité des Chemins*. Les principes que nous y avons développés ne sont nullement modifiés par la loi que nous commentons.

## TEXTE.

« En cas d'insuffisance des ressources ordinaires des communes, il sera pourvu à l'entretien des chemins vicinaux à l'aide, soit de prestations en nature dont le *maximum* est fixé à trois journées de travail, soit de centimes spéciaux en addition au principal des quatre contributions directes, et dont le *maximum* est fixé à cinq.

» Le conseil municipal pourra voter l'une ou l'autre de ces ressources ou toutes les deux concurremment.

» Le concours des plus imposés ne sera pas nécessaire dans les délibérations prises pour l'exécution du présent article. »

## COMMENTAIRE.

Cet article fait plusieurs innovations à la loi du 28 juillet 1824; il augmente les prestations, quoiqu'il conserve le chiffre des centimes additionnels; mais le changement le plus notable, celui qui a été le plus débattu dans les chambres et qui n'a passé qu'après des épreuves douteuses et à la plus faible majorité, est relatif au concours des plus imposés, admis par la précédente, repoussé par la nouvelle.

Il est bien entendu que les expressions : Le concours des plus imposés *ne sera pas nécessaire*, contiennent une exclusion absolue, et non une faculté de s'en passer ou de les appeler à la volonté des membres du conseil municipal. En matière d'attribution, tout est de rigueur. Le conseil municipal seul tient de la législation existante le pouvoir de voter les fonds nécessaires à la réparation des chemins. Pour qu'il y eût exception à cette règle, et que, dans certains cas, ce conseil eût la faculté de s'adjoindre les plus imposés, il faudrait trouver cette faculté expressément énoncée dans la loi. Autrement, cette adjonction d hommes sans pouvoir vicierait essentiellement les votes et délibérations qui seraient, par conséquent, privés de toute efficacité. Cela a été convenu dans la discussion à la chambre des députés. A la chambre des pairs, ceux qui demandaient le concours des plus imposés entendaient bien aussi que l'article déjà adopté excluait ce concours d'une manière absolue.

Il ne faut cependant pas perdre de vue le motif qui a déterminé le législateur à ne plus appeler les plus imposés à voter les fonds destinés aux chemins vicinaux. Ces dépenses étant rangées par la nouvelle loi au nombre des dépenses ordinaires, leur concours devenait sans objet ; mais si des dépenses extraordinaires étaient demandées à la commune, les plus imposés devraient être appelés comme par le passé, car l'art. 6 de la loi du 28 juillet 1824 n'a pas été abrogé en ce point par celle du 21 mai 1836.

Ce n'est, d'ailleurs, que pour l'entretien des chemins, et seulement en cas d'insuffisance des ressources ordinaires des communes, que l'on peut avoir recours à la prestation en nature ou à l'addition au principal des quatre contributions directes. Tant que ces ressources ne sont pas épuisées ou qu'il n'est pas bien constaté que ce qui en reste ne suffit pas, les habitans sont bien fondés à s'opposer à l'impôt de la prestation ou des centimes additionnels. Dans tous les cas, le conseil municipal ne doit voter que ce qu'il est nécessaire d'ajouter aux fonds disponibles.

Le conseil municipal peut ne voter que la prestation sans

les centimes additionnels ; il peut les voter concurremment ; il peut commencer par le vote des centimes , et , en cas d'insuffisance , recourir aux prestations , et *vice versâ*. La plus grande latitude lui est laissée à cet égard , et avec beaucoup de raison. Il est tel pays où l'on trouvera plus facilement de l'argent que des bras; dans d'autres plus pauvres , les bras abonderont , l'argent sera rare. Il y avait donc impossibilité de tracer une règle absolue, uniforme pour toutes les localités. Il fallait , au contraire , laisser une entière liberté à l'autorité locale. C'est , d'ailleurs , ce qui résulte clairement de la discussion à la chambre des députés et à celle des pairs. La commission de celle-ci avait proposé de rester dans les termes de la loi de 1824 , et conséquemment d'employer la prestation après épuisement des revenus ordinaires ; de n'avoir recours aux centimes additionnels qu'en cas d'insuffisance des revenus et des prestations ; mais le gouvernement s'y est opposé. Il a insisté , pour qu'après l'emploi des revenus , l'administration eût toute liberté de donner la préférence aux centimes additionnels sur les prestations , et *vice versâ*, ou de les employer concurremment par les raisons ci-dessus déduites. L'amendement de la commission a été repoussé.

La loi fixe le maximum des prestations et des centimes additionnels ; le minimum est laissé à l'arbitrage des conseils municipaux qui peuvent ne voter qu'une journée, une demi-journée de prestation , un centime additionnel. Cela se conçoit ; l'impôt ne doit pas excéder les besoins.

Les votes des conseils municipaux, soit pour les journées de prestation jusqu'au maximum de trois, soit pour les centimes additionnels jusqu'au maximum de cinq, sont exécutoires avec l'approbation du préfet. Ainsi le veut l'art. 5

de la loi du 28 juillet 1824, qui n'a pas été changé en ce point.

On peut voir, au surplus, ce que nous disons au ch. v:1 de notre *Traité des Chemins*. Les observations que nous y avons faites s'appliquent encore aujourd'hui, sauf le taux de la prestation et les réflexions ci-dessus.

ARTICLE III.

## TEXTE.

« Tout habitant, chef de famille ou d'établissement, à titre de propriétaire, de régisseur, de fermier ou de colon partiaire, porté au rôle des contributions directes, pourra être appelé à fournir, chaque année, une prestation de trois journées : 1° pour sa personne, et pour chaque individu mâle, valide, âgé de dix-huit ans au moins, et de soixante ans au plus, membre ou serviteur de la famille, et résidant dans la commune ; 2° pour chacune des charrettes ou voitures attelées, et, en outre, pour chacune des bêtes de somme, de trait, de selle, au service de la famille, ou de l'établissement dans la commune. »

## COMMENTAIRE.

Cet article reproduit la disposition de l'article précédent, qui porte à trois jours la prestation, laquelle, d'après la loi du 28 juillet 1824, n'était que de deux. Tout habitant, quelle que soit d'ailleurs sa qualité, pourvu qu'il soit porté au rôle des contributions directes, doit la prestation. Les ecclésiastiques, officiers en disponibilité, etc., y sont soumis s'ils réunissent ces deux conditions. Plusieurs arrêts du conseil d'état l'ont décidé ainsi de la manière la plus formelle. (*Voy.* 18 juillet 1838, 18 février 1839, 1er juillet 1840.) Cet article ne se borne pas à assujettir à la prestation à raison des fils du chef de l'établissement; il comprend tous les membres de la famille, quel que soit le degré de parenté, pourvu toutefois qu'ils habitent dans la commune; car, les membres qui se trouvent retenus loin de la famille pendant les trois quarts de l'année, les étudians, par exemple, ne peuvent être considérés comme habitant la commune, ni, par conséquent, être comptés pour la prestation. (Arr. cons., 26 novembre 1839.)

Il décide bien nettement que, pour être assujetti à la prestation personnelle, il faut habiter, résider dans la commune; et nous avons dit, dans notre *Traité des Chemins*, qu'il ne fallait pas confondre l'habitation, ou résidence, avec le domicile soit civil, soit politique. On peut, en effet, avoir l'un ou l'autre domicile dans un lieu, et résider dans un autre. Ce n'est donc pas alors dans la commune du domicile, mais dans celle de la résidence qu'on sera soumis à la prestation; et la raison en est manifeste : l'impôt est fondé sur l'usage que l'on fait des chemins.

Le journalier qui aurait sa résidence dans une commune, où il coucherait et passerait les jours de repos, mais qui irait travailler tout le jour dans une autre, ne devrait rien dans celle-ci, et ne serait imposable que dans la première; un individu qui résiderait habituellement dans une commune, et qui irait passer tous les ans quelques mois dans une autre, ne pourrait être imposé, dans cette dernière, ni à raison de sa personne, ni à raison des chevaux et voitures à son usage personnel. Le chef de famille chez lequel ce particulier résiderait ne pourrait non plus être soumis à la prestation, en raison de la personne et des choses à l'usage de ce particulier. (Ordonnance royale, rendue en conseil d'état, en date du 22 janvier 1840.)

*Quid* du cas où, comme cela arrive aux riches propriétaires, il y aura résidence de six mois dans une commune, et de pareil tems dans une autre : y aura-t-il lieu à prestation dans les deux communes?

Oui, sans doute, puisqu'il y a usage des chemins des deux communes, et que, lors même que l'habitant aurait acquitté la prestation pour toute l'année dans une commune, l'autre ne profiterait pas de ce paiement. Cette interprétation de la loi résulte de la discussion à la chambre des députés. Quant à celui qui, sans résider successivement dans deux communes, y a cependant deux établissemens, il ne doit, dans celle où il ne réside pas, la prestation que pour son régisseur, ses domestiques, chevaux, voitures.

Mais nous pensons que la loi, en fixant le maximum de la prestation, n'ayant pas obligé les communes à l'exiger, et leur laissant conséquemment la faculté de n'assujettir le propriétaire qu'à une contribution moindre, les conseils municipaux pourraient prendre en considération que la résidence n'a été que temporaire et y proportionner le taux de la prestation.

Le métayer ou colon partiaire est seul tenu, à titre de charge personnelle, du paiement en nature ou en argent des prestations assises sur le cheptel, pour l'entretien des chemins vicinaux de la commune qu'il habite, quand le propriétaire n'habite pas lui-même cette commune, et qu'il ne figure pas sur son rôle de prestations.

Par suite, dans ce cas, le propriétaire ne peut pas faire concourir à la formation de son cens électoral, soit la totalité, soit même la moitié de l'évaluation en argent des prestations imposées au colon. (Arrêt de la cour de cassation, 28 mai 1838.)

La loi ne détermine pas positivement, pour le chef de famille ou d'établissement, l'âge et le sexe, comme elle le fait pour les individus vivant avec lui; mais le silence de la loi s'explique par le désir d'éviter des répétitions d'autant plus inutiles que, dans les deux cas, la raison de décider est absolument la même.

Ainsi, l'on ne pourra exiger la prestation individuelle que du chef d'établissement ou de famille, mâle, valide, âgé de dix-huit ans au moins, de soixante ans au plus.

La femme, la veuve, la fille, l'interdit n'y seront donc pas assujettis pour eux, mais seulement pour les membres de leur famille ou de leur domesticité, qui auraient les qualités requises.

Le prodigue, auquel un curateur aurait été nommé, ne pourrait être dispensé de la prestation par cette seule raison, si le conseil municipal le trouvait valide.

Le chef d'établissement ou de famille est personnellement garant de l'acquit de la prestation; il ne pourrait s'en décharger en renvoyant la commune l'exiger des membres de sa famille ou de sa domesticité. On suppose avec raison, qu'il a le pouvoir de faire exécuter les travaux par eux; mais il est bien entendu qu'il n'est obligé à la prestation que pour les parens qui habitent chez lui, et pour ses serviteurs et domestiques qui sont dans le même cas. Il en est autrement des ouvriers qu'il emploie à la journée, et qui ont leur habitation séparée de la sienne. Du reste, le chef d'établissement, ni les membres de sa famille ou de sa domesticité, ne sont tenus d'exécuter eux-mêmes, et matériellement, les travaux auxquels ils sont assujettis. Ils peuvent les faire exécuter par d'autres. On connaît le grand principe : *nemo potest cogi ad actum.* Ce qui est exigé, c'est un nombre de journées de travail proportionné à celui des individus mâles et valides. Il y aura souvent avantage à ce que les ouvrages soient exécutés par des tiers plus experts que ceux qui y sont personnellement tenus.

Il y a, quant à la prestation à raison des charrettes et des voitures, un changement de rédaction qui nous paraît en amener aussi un dans les principes que nous avons développés à la 4ᵉ édition de notre *Traité des chemins.*

La loi du 28 juillet 1824 obligeait l'habitant à une prestation de deux journées pour chaque charrette en sa possession ; elle ne parlait pas des voitures de luxe, mais seulement des chevaux de selle ou d'attelage de luxe. L'art. 3 de la nouvelle loi exige une prestation de trois journées pour chacune des *charrettes* ou *voitures attelées.*

Il faut tirer de là plusieurs conséquences : la première, c'est que sous les dénominations de charrettes et voitures, on comprend tout ce qu'il est possible de concevoir en ce genre ; par conséquent, même les diligences, les berlines, calèches, etc., et cela avec infiniment de raison, car, à l'aide de ces moyens de transport, on se sert des chemins et on les dégrade. Ce sont même les personnes les plus riches qui en usent ainsi ; elles doivent payer. Que si l'on objecte qu'une calèche ne peut être employée à la confection des réparations, au transport des matériaux ou des outils, nous répondrons qu'il ne s'agit pas de faire travailler telle ou telle voiture, mais de proportionner l'impôt à l'usage qu'on fait du chemin, et que le propriétaire de la calèche se procurera aisément une voiture plus propre aux réparations pendant les trois jours qu'il doit fournir. Cela résulte de la discussion de la chambre des députés.

La seconde conséquence, c'est qu'il faut que les charrettes ou voitures soient *attelées*. Ainsi, celui qui aurait une charrette ou une voiture sans chevaux ou autres animaux, comme cela arrive quelquefois, et qui, par conséquent, ne se servirait que très-rarement de ces moyens de transports, le carrossier et le charron qui fabriqueraient des charrettes ou des voitures pour les vendre, ne pourraient être assujettis à des prestations, à raison de celles qu'ils auraient en magasin, sauf néanmoins l'application de l'art. 14 dont nous parlerons plus bas.

La prestation est due à raison des bêtes de somme, de trait ou de selle qui ne serviraient au possesseur que pour son usage personnel ou pour celui de sa famille, ou pour l'exploitation de son établissement soit agricole, soit industriel. Si ces animaux ne sont pas destinés à cet usage, s'ils sont un objet de commerce, ou s'ils sont destinés seulement à la consommation ou à la reproduction, ils ne peuvent être soumis à la prestation en nature ; car ils ne sont réellement pas, comme le veulent les termes de la loi, employés pour le service de la famille ou de l'établissement. Il en serait encore de même si ces animaux, même destinés aux travaux de l'exploitation, étaient cependant trop jeunes ou trop vieux pour y être employés.

Mais les prestataires ne sont soumis à fournir les bêtes de somme qu'avec les harnais de leur profession, lors même qu'ils ne pourraient pas servir à la réparation des chemins. ( Arr. cons., 17 août 1841.)

La loi n'assujettit à la prestation individuelle que le chef de famille ou d'établissement qui habite et est porté au rôle des contributions directes. La réunion de toutes ces conditions est donc indispensable pour que l'imposition puisse avoir lieu. (Arr. du cons., 17 août 1836.)

Les mots chef d'établissement sont très-vagues, et laissent par conséquent à l'autorité la plus grande latitude pour soumettre qui bon lui semble à la prestation, pourvu qu'il habite et figure au rôle des contributions. Qu'est-ce, en effet, qu'un établissement ? à peu près tout ce que l'on veut.

Ainsi, le célibataire qui n'aura aucun parent avec lui, mais qui habitera et sera porté au rôle, ne fût-ce que pour l'impôt personnel, pourra être assujetti à la prestation, quoiqu'il ne soit pas chef de famille, qu'il n'ait pas de domestiques, de chevaux ou de voitures.

A plus forte raison, en sera-t-il ainsi, s'il a des domestiques, chevaux, voitures, etc.

On peut voir, sur plusieurs autres questions, notre *Traité des Chemins*, pages 329 et suivantes. Leur solution devant être aujourd'hui la même que sous l'empire de la loi de 1824, à l'exception des points que nous venons de signaler, nous croyons devoir y renvoyer pour éviter d'inutiles répétitions.

Toutefois, nous devons encore faire remarquer que la chambre des députés avait inséré dans l'art. 3 un paragraphe final ainsi conçu : « Chaque année le conseil municipal, lors de la formation du rôle, désignera les habitans qu'il croira devoir exempter de la prestation » ; mais qu'il a été supprimé par la chambre des pairs, sans discussion, sur la proposition de la commission et du consentement du gouvernement.

M. Feutrier a expliqué ce retranchement dans les termes suivans :

« La commission propose de retrancher le dernier alinéa, qui laisse au conseil municipal la désignation des habitans qui, à raison de leur indigence, seraient exceptés de la prestation.

» Cette faculté, que ne donnait pas la loi de 1824, lui a paru prêter à l'arbitraire.

» Elle n'a pas accueilli non plus la proposition faite par le gouvernement d'affranchir les habitans qui ne sont portés qu'au rôle de la contribution personnelle. Dans certains départemens, il n'est pas imposé de contribution mobilière, ou elle est imposée dans des proportions fort inégales.

» Il a paru qu'il était satisfait à tout par les art. 2 et 7 de la loi du 26 mars 1831 sur les contributions personnelle et mobilière.

» La distraction des indigens est faite au rôle de l'une et l'autre contribution par les répartiteurs, de concert avec le maire et l'adjoint en présence du contrôleur. Il n'y a ni motif, ni convenance pour recommencer cette opération faite une première fois avec maturité. Les habitans devenus indigens depuis l'émission du rôle, sont portés sur l'état des cotes irrecouvrables. »

Une ordonnance royale, en date du 13 février 1840, a décidé que le chef d'un établissement public, et spécialement le supérieur d'un petit séminaire, doit être imposé au rôle des prestations, tant pour lui et sa famille que pour les serviteurs attachés à sa maison, bien que ceux-ci ne soient pas individuellement portés sur les rôles des contributions directes.

Plusieurs ordonnances, dont la dernière a été rendue à

la date du 29 janvier 1841, décident que les employés du gouvernement, qui, pour leur service, sont tenus d'entretenir un cheval, ne sont pas assujettis aux prestations en nature, en raison de ce cheval. (29 janvier 1841.)

Plusieurs autres arrêts du conseil ont également décidé que les maîtres de poste n'étaient point assujettis à la prestation pour le nombre de chevaux que les réglemens les obligent à entretenir pour le service des relais, non plus que pour les postillons titulaires, lors même qu'ils les emploieraient habituellement à la culture des terres ou à d'autres usages.

L'on ne peut considérer comme voitures ou charrettes attelées celles qui sont traînées par ces chevaux. (27 juin 1838, 25 janvier 1839, 16 juillet 1840, 29 janvier 1841.)

Il en est autrement des chevaux destinés aux relais des diligences, fussent-ils fournis par des maîtres de poste (16 juillet 1840) et des palefreniers ou garçons d'écurie.

Les ânes sont considérés comme bêtes de somme. (5 mars 1841.)

Les chefs d'établissemens industriels ne doivent pas être soumis à la prestation en nature pour les employés, chefs d'ateliers et maîtres-ouvriers attachés à leur établissement. (27 août 1840.)

Le ministre des finances n'a pas qualité pour attaquer, devant le conseil-d'état, un arrêté du conseil de préfecture qui a refusé de soumettre des particuliers à la prestation. (Arrêts du conseil des 5 février et 5 mars 1841.)

Le propriétaire ne peut être imposé qu'au chef-lieu d'exploitation; si ses terres s'étendent sur une autre commune où il n'a pas d'établissement, il ne peut y être imposé à raison des animaux qu'il y emploie. (21 juillet 1839.)

La prestation est comptée pour former le cens d'électeur ou d'éligible. ( Arrêts de la cour de cassation des 12 février, 30 avril et 8 août 1838.)

ARTICLE IV.

## TEXTE.

« La prestation sera appréciée en argent, conformément à la valeur qui aura été attribuée annuellement pour la commune, à chaque espèce de journée, par le conseil général, sur les propositions des conseils d'arrondissement.

» La prestation pourra être acquittée en nature ou en argent, au gré du contribuable. Toutes les fois que le contribuable n'aura pas opté dans les délais prescrits, la prestation sera de droit exigible en argent. La prestation, non rachetée en argent, pourra être convertie en tâches, d'après les bases et évaluations de travaux préalablement fixées par le conseil municipal. »

## COMMENTAIRE.

Cet article laisse au contribuable l'option entre la prestation en nature ou en argent; mais il ne fixe point le délai dans lequel cette option devra avoir lieu; ce délai a été déterminé par le ministre de l'intérieur, dans son instruction aux préfets.

La déclaration doit en être faite dans le mois de la publication du rôle. La commune a le pouvoir de convertir en tâches la prestation non rachetée en argent; mais le contribuable n'a pas le droit d'exiger cette conversion, qui est purement facultative pour l'autorité. Les conseils municipaux ont seuls le droit de décider que les prestations non rachetées seront converties en tâches et d'arrêter le tarif de cette conversion.

Dans quelques communes on avait adopté un autre mode d'emploi des journées de prestation, c'était la mise en adjudication des travaux à faire sur un chemin vicinal, en imposant à l'adjudicataire la condition d'employer les travaux de prestation qui lui étaient alors précomptés pour une valeur déterminée. Dans son instruction générale du 24 juin 1836, M. le ministre de l'intérieur réprouve avec beaucoup de raison cette manière d'opérer. Voici comment il s'exprime :

« Ce mode d'emploi, monsieur le préfet, me paraît contraire à l'esprit de la loi du 21 mai 1836, contraire même aux institutions libérales qui nous régissent.

» Que, dans l'intérêt de la famille communale, chaque citoyen qui fait partie de cette famille puisse être appelé à concourir personnellement à un travail d'utilité générale, telle que la réparation d'un chemin, cela se conçoit parfaitement; que, pour l'accomplissement de sa tâche, il soit placé sous la surveillance du maire ou de son délégué, cela doit être ; nul ne peut se plaindre d'obéir au chef de la famille communale ou au fonctionnaire qui le remplace momentanément, et les reproches que le maire adresserait au prestataire négligent n'auraient jamais rien de blessant ; le refus de lui donner son certificat de libération ne pourrait exciter le soupçon d'une sévérité intéressée, puisqu'enfin le maire n'agit que dans l'intérêt de la communauté. Mais placer les prestataires à la disposition d'un adjudicataire qui a un intérêt matériel et pécuniaire à ce qu'ils remplissent leur tâche ; les mettre sous la surveillance d'un homme qui a acheté leurs travaux, et qui doit avoir, par conséquent,

le droit de réprimander les négligens, de leur refuser même
leur certificat de libération, lorsqu'ils ne lui paraissent pas
avoir assez travaillé : c'est là, je le répète, une mesure qui
me paraît tout-à-fait contraire à la libéralité des formes
de notre gouvernement ; c'est changer la condition des
prestataires ; c'est ramener le travail de la prestation à l'ancienne corvée. »

Pour parvenir à une exacte répartition des prestations en
nature, les maires doivent faire rédiger un état matrice de
tous les contribuables qui peuvent être tenus à ces prestations. Cet état matrice doit être déposé à la mairie, et le
maire doit prévenir ses administrés par un avis public que,
pendant un mois, ils peuvent présenter leurs réclamations
contre le travail. A l'expiration du mois, le conseil municipal examinera ces réclamations. L'état matrice doit être
soumis à l'approbation du préfet. Ce travail une fois rédigé, les maires peuvent se borner à le réviser tous les
ans, à moins qu'ils ne reconnaissent qu'il y a nécessité de
le refondre. Dans ce dernier cas, une approbation nouvelle
du préfet deviendrait nécessaire.

La publication des rôles de prestations devra être faite
dans les communes en même tems, et dans la même forme
que pour le rôle des contributions directes. Le percepteur
receveur municipal rédigera, pour chaque contribuable,
un avertissement qui devra indiquer comme le rôle la date
de la délibération, contenir les détails portés à l'article du
rôle, et se terminer par l'invitation au contribuable de déclarer, dans le mois de la publication du rôle, s'il entend
se libérer en argent ou en nature.

Tous ces détails ne sont point écrits dans la loi : l'on
sent, en effet, que le législateur ne pouvait s'en occuper ;

et qu'il devait abandonner à l'administration le soin de réglementer l'assiette et la perception de l'impôt; nous les avons puisés dans l'instruction du ministre de l'intérieur relative à l'exécution de la loi.

Quant aux demandes en dégrèvement que les particuliers croiraient devoir adresser contre le rôle, elles doivent être présentées dans les trois mois de la publication des rôles, et soumises au conseil de préfecture, dont les décisions sont toujours susceptibles d'être déférées au conseil-d'état.

L'article que nous examinons portait, dans sa rédaction adoptée par la chambre des députés, la disposition finale suivante : « Elle (la prestation) ne sera jamais employée hors du territoire de la commune, à moins d'une offre spéciale du conseil municipal. »

Mais cette disposition a été retranchée à la chambre des pairs : elle paraissait effectivement être en contradiction avec les art. 1 et 6. Lorsqu'un même chemin intéresse plusieurs communes, les dépenses à la charge de chacune doivent être proportionnées aux détériorations qu'elle leur cause, au degré d'intérêt qu'elle a aux travaux; il faut, par conséquent, qu'au moins, dans ce cas, le préfet puisse prescrire l'emploi de la prestation au delà de la commune qu'habite celui qui l'acquitte. Autrement, les chemins manqueraient souvent des réparations qui leur sont nécessaires.

Cela a été reconnu dans le rapport de M. Vatout, quand la loi amendée par la chambre des pairs a été soumise de nouveau à celle des députés.

« L'article 4, y est-il dit, ne renferme plus le paragraphe où il était énoncé que la prestation ne serait jamais employée hors du territoire de la commune. L'adoption de l'article 6 s'accordait mal avec cette disposition. En effet, comment la concilier avec le droit donné au préfet de faire contribuer, soit en centimes, soit en prestations, à un chemin vicinal ordinaire situé sur le territoire d'une seule commune, les communes environnantes intéressées à ce chemin? D'ailleurs, on a pensé que cette appréciation appartenait aux autorités locales, qui devront en user avec une excessive réserve, et seulement dans les cas d'une absolue nécessité. »

Il est donc bien entendu que le préfet a un pouvoir discrétionnaire pour obliger les communes à exécuter les travaux sur le territoire d'une autre ; que son exercice n'est subordonné qu'aux circonstances dont il est l'appréciateur.

Toutefois, nous croyons que le pouvoir du préfet n'est point absolu et sans contrôle. Il nous paraît incontestable que les communes ou les habitans qui seraient froissés par cette mesure auraient le droit de s'opposer à son exécution, et de porter leur réclamation devant le conseil de préfecture, puis ensu te au conseil-d'état.

Nous admettons, comme nous l'avons déjà dit, les mêmes recours en faveur de ceux qui auraient été indûment portés sur les rôles comme habitans, commes valides ou non indigens, ou pour un nombre de chevaux et de voitures plus grand que celui qu'ils possèdent ou qui sont imposables. Dès qu'on suit pour les prestations le même mode que pour le recouvrement des contributions directes, les individus imposés ont le droit incontestable de réclamer devant le conseil de préfecture, et d'appeler ensuite au conseil-d'état. S'il en était autrement, toutes les erreurs, tous les abus de pouvoir qui s'introduiraient dans la confection des rôles, demeureraient sans redressement, et beaucoup de personnes seraient assujetties à un impôt dont, cependant, la loi les affranchissait. La loi nouvelle ayant g rdé le silence sur les voies de recours, on est resté dans les termes du droit commun, et, par conséquent, les inté-ressés peu ent réclamer devant les deux juridictions admi-nistratives. Cela a été reconnu par divers orateurs de la chambre des pairs qui ont demandé et obtenu la suppression des mots *en conseil de préfecture* qui se trouvaient dans l'art. 13. Ils ont expliqué que ce conseil ne pouvait donner son avis sur une aff ire qu'en cas de contestation il était appelé à juger. Or, rien n'autorisant à penser que sa com-pétence soit limitée à ce cas, il faut nécessairement ad-mettre le principe comme général. D'ailleurs, ces voies de recours sont établies par l'art. 5 de la loi du 28 juillet 1824, qui n'est pas abrogé en ce point.

Il ne nous reste plus qu'à faire remarquer que les jour-nées de prestation ne peuvent être employées que pour l'entretien et la réparation des chemins vicinaux. L'emploi de ces journées à des travaux sur d'autres chemins consti-tuerait un véritable abus. Il en serait de même si les pres-tations n'étaient pas employées dans l'année pour laquelle elles sont dues, et qu'on voulût les faire acquitter l'année suivante en les reportant ainsi d'une année sur l'autre.

« En effet, porte l'instruction ministérielle, la loi permet d'imposer chaque contribuable jusqu'à trois journées de son tems, pendant le cours de l'année, pour travailler à la ré-paration des chemins vicinaux. En fixant ce *maximum*, la loi a eu pour intention évidente qu'il ne pût être exigé du contribuable de faire, dans une année, le sacrifice de plus de trois journées de son tems. Comment, sous le prétexte d'arrérages que le maire aurait irrégulièrement laissé accumuler, pourrait-il être permis de demander ensuite à ce contribuable de venir employer, dans la même année, six ou neuf journées, tant pour l'arriéré que pour le courant? En matière de contributions directes, le recouvrement par douzième est prescrit plus encore dans l'intérêt du contribuable que dans celui du trésor, et un percepteur serait hautement répréhensible s'il laissait volontairement arriérer son recouvrement, et qu'il prétendît le faire ensuite tout d'un coup. En matière de prestations en nature, il doit être procédé d'après les mêmes principes. Les cotes exigibles en argent doivent être recouvrées dans les mêmes délais que les contributions directes; les cotes acquittables en nature doivent être consommées, sinon dans l'année même pour laquelle elles ont été votées, au moins dans les délais fixés pour la clôture de l'exercice auquel ces prestations se rattachent. »

ARTICLE V.

TEXTE.

« Si le conseil municipal, mis en demeure, n'a pas voté, dans la session désignée à cet effet, les prestations et centimes nécessaires, ou si la commune n'en a point fait emploi dans les délais prescrits, le préfet pourra d'office, soit imposer la commune dans les limites du *maximum*, soit faire exécuter les travaux. Chaque année, le préfet communiquera au conseil-général l'état des impositions établies d'office, en vertu du présent article. »

COMMENTAIRE.

Le droit dont l'administration supérieure se trouve armée par cet article la met à même de vaincre le mauvais vouloir ou la négligence qu'apporterait le pouvoir municipal à l'entretien des chemins vicinaux. Les préfets ne devront néanmoins employer les moyens que la loi met à leur disposition que lorsque l'état des chemins soulèvera des plaintes fondées, et que lorsque la commune n'aura pas déjà fait emploi de ces ressources. Hors ces deux cas, les préfets seraient exposés à voir leurs actes annulés par le ministre et même par le conseil-d'état comme entachés d'arbitraire, d'excès de pouvoir.

Le mauvais état des chemins doit donc d'abord être reconnu et bien constaté par un procès-verbal de visite des lieux, rédigé par un commissaire désigné à cet effet, et qui sera, soit un membre du conseil-général ou d'arrondissement, soit un agent-voyer.

Muni de ce procès-verbal, le préfet prend un arrêté spécial et motivé par lequel il fixe un délai dans lequel le conseil devra se réunir pour délibérer sur la dépense demandée.

Après ces formalités, si le conseil municipal refusait de voter les prestations et centimes, s'il ne les votait pas en quotité nécessaire, comme le porte l'article dont nous nous occupons, ou si enfin il laissait expirer le délai fixé par l'arrêté du préfet, celui-ci serait alors investi du droit d'imposer la commune *d'office* jusqu'à la quotité nécessaire pour effectuer la réparation des chemins.

Ce pouvoir nouveau conféré aux préfets ne doit être exercé par eux que dans les cas d'absolue nécessité. Le législateur ne pouvait pas laisser ces actes sans contrôle. Aussi, indépendamment des recours que le droit commun laisse aux communes devant le ministre d'abord, et ensuite au conseil-d'état, ce même art. 5 oblige les préfets à com-

muniquer chaque année au conseil-général l'état des impositions établies d'office. De cette manière, ce nouvel impôt
perd le caractère d'arbitraire qu'il aurait eu sans cela.

Pour atteindre le but que s'est proposé le législateur, les
préfets devront rechercher s'il est nécessaire d'imposer la
totalité des trois journées et des cinq centimes, ou si une
portion de ces ressources serait suffisante. Si les cinq centimes pouvaient suffire, il serait plus facile de n'imposer que
des centimes; mais il pourrait en résulter que les habitans
se trouveraient exonérés du fardeau de la réparation de
leurs chemins; car les cinq centimes ne frappant que les
propriétés, les habitans peuvent n'en pas posséder dans la
commune ou n'en posséder qu'en très-petite quantité; ce
seraient alors les propriétaires habitant ailleurs qui suppor-
teraient seuls, ou à peu près, la charge de l'entretien et de
la réparation des chemins, quoique moins intéressés.

Pour éviter cet inconvénient et obtenir une juste répartition des charges, le préfet doit donc imposer la commune
en prestations et en centimes jusqu'à due concurrence des
dépenses à faire.

Après avoir pris l'arrêté qui frapperait la commune de
tant de journées de prestations en nature et avoir notifié
cet arrêté au maire, le percepteur receveur municipal ré-
digerait le rôle comme s'il s'agissait de prestations votées
en apportant à la rédaction les changemens nécessités par
l'espèce d'imposition. Ce rôle serait aussitôt rendu exécutoire par le préfet. Un second arrêté publié dans la commune préviendrait les habitans qu'il leur est accordé tant
de jours pour opter entre l'acquittement en prestations ou
en argent. Après ce délai, toutes les cotes pour lesquelles il
n'aurait pas été fait d'option seraient de droit exigibles en

argent. Les cotes que les contribuables auraient déclaré vouloir acquitter en nature devront être employées dans un délai fixé , passé lequel elles seraient également exigibles en argent. De cette manière l'habitant et la propriété contribueront en égale proportion au bon état de viabilité des chemins de la commune , et le vœu de la loi sera accompli. Le préfet ferait exécuter les travaux d'office.

L'art. 5 prévoit encore le cas où le conseil municipal aurait voté les prestations et centimes nécessaires , mais où il n'en aurait pas été fait emploi dans les délais prescrits par le préfet.

Dans ce cas , un arrêté de ce fonctionnaire mettrait la commune en demeure de faire exécuter , dans un délai qu'il déterminerait, les travaux pour lesquels il a été voté soit des centimes, soit des prestations ; à l'expiration du délai , les prestations seraient déclarées exigibles en argent , les travaux s'exécuteraient comme nous l'avons dit plus haut , et seraient payés avec le montant, soit des centimes votés , soit des prestations recouvrées en argent.

Toutes les formalités que nous avons énumérées sont indispensables; il est donc très-important que l'administration les remplisse fidèlement , car leur omission ou même l'omission de quelques-unes ouvrirait aux communes et à chaque habitant la voie de recours devant l'autorité supérieure.

ARTICLE VI.

TEXTE.

« Lorsqu'un chemin vicinal intéressera plusieurs communes, le préfet , sur l'avis des conseils municipaux , dési-

gnera les communes qui devront concourir à sa construction
ou à son entretien, et fixera la proportion dans laquelle chacune d'elles y contribuera. »

## COMMENTAIRE.

Cet article consacre un principe de toute justice et qui
était déjà écrit dans l'art. 9 de la loi du 28 juillet 1824 ;
mais par suite, soit d'un vice de rédaction, soit d'une erreur dans l'interprétation qui en fut faite, son application
était devenue presque impossible. L'article dont nous nous
occupons, qu'on pourra au besoin combiner avec l'art. 5,
écarte toute difficulté désormais.

Seulement avant de prendre leurs arrêtés, les préfets
devront s'entourer de tous les renseignemens qu'il leur sera
possible d'obtenir sur le degré d'intérêt que peuvent avoir
les communes appelées à concourir à l'entretien, à la réparation des chemins dont il s'agit.

Ils devront aussi prendre garde de se jeter trop avant
dans le système d'entretien collectif. Pour appliquer la disposition de l'art. 6, il ne suffit pas qu'une commune se
serve quelquefois d'un chemin situé sur le territoire d'une
autre commune. Il faut qu'elle s'en serve habituellement,
qu'elle le dégrade en un mot de manière à ce qu'il paraisse
évident qu'il y a équité, justice à la faire concourir à son
entretien.

Les plus imposés ne seront point appelés à délibérer sur le
cas de concours ; la loi nouvelle dispense les conseils municipaux de cette adjonction, par les motifs que nous avons
donnés sous l'art. 2.

Nous ferons aussi remarquer que les préfets prononcent
seuls, sans l'assistance du conseil de préfecture.

Lors de la discussion de cet article, un député ayant proposé un amendement tendant à ce que les décrets des 20 février, 20 juin 1810, 4 août 1811 et 22 décembre 1812, sur la création et les pouvoirs de la commission mixte des travaux publics, et qui assujettissent à des règles particulières la construction des chemins vicinaux traversant les fortifications, fussent abrogés et déclarés inapplicables à ces chemins, cet amendement fut repoussé par la raison que l'abrogation qu'on voulait introduire était fort grave, demandait beaucoup de réflexion et d'examen, et ne pouvait trouver place dans la loi actuelle.

La loi nouvelle ne comprend donc pas les chemins vicinaux qui traversent les fortifications, et qui demeurent régis par les décrets ci-dessus, dont nous croyons inutile de reproduire les dispositions : on les trouvera au *Bulletin des Lois*.

## SECTION 2. — CHEMINS VICINAUX DE GRANDE COMMUNICATION.

### ARTICLE VII.

### TEXTE.

« Les chemins vicinaux peuvent, selon leur importance, être déclarés vicinaux de grande communication par le conseil-général, sur l'avis des conseils municipaux, des conseils d'arrondissement, et sur la proposition du préfet. Sur les mêmes avis et proposition, le conseil-général détermine la direction de chaque chemin vicinal de grande

communication, et désigne les communes qui doivent contribuer à sa construction ou à son entretien.

» Le préfet fixe la largeur et les limites du chemin, et
détermine annuellement la proportion dans laquelle chaque
commune doit concourir à l'entretien de la ligne vicinale
dont elle dépend ; il statue sur les offres faites par les particuliers, associations de particuliers ou de communes. »

## COMMENTAIRE.

Aux termes de l'art. 1er, les chemins simplement vicinaux sont ceux qui ont été déclarés tels dans les formes légales et par arrêtés de préfet.

Les conseils-généraux ne peuvent-ils choisir les voies de
grande communication que dans le nombre de ces chemins? Une telle restriction n'est ni dans les termes ni
dans l'esprit de la loi. Il existe un certain nombre de
chemins vicinaux, même fort importans, qui, par une négligence impardonnable, n'ont été classés et portés sur aucun tableau.

Il faut bien que les conseils-généraux puissent les ranger parmi les voies vicinales de grande communication,
sans quoi le service public en souffrirait. Cette solution paraît surtout raisonnable, si l'on fait attention que c'est non
pas d'office, mais sur la délibération des conseils municipaux
et la proposition des préfets, qu'intervient la délibération du
conseil-général. Or, ce sont précisément là les formalités exigées pour la simple déclaration de vicinalité. Au surplus, ce
serait une puérilité que de tenir à la déclaration préalable,
qui ne serait qu'une vaine formalité. Le préfet pourrait toujours la remplir, et à l'instant même soumettre sa proposition au conseil-général.

L'article que nous examinons n'est pas conçu en termes limitatifs : il ne dit pas que les seuls chemins qui puissent être élevés au rang de grands chemins vicinaux sont ceux qui ont été régulièrement classés; enfin, le conseil-général peut ordonner la construction d'un chemin tout nouveau.

Une question importante et difficile est celle de savoir si les particuliers ou les communes intéressés pourraient attaquer, devant le ministre de l'intérieur, la décision du conseil-général, soit qu'elle élève au rang de voies de grande communication des chemins déjà classés, soit qu'elle statue sur tous autres objets placés dans ses attributions par la nouvelle loi. Pour l'affirmative, on peut dire que quand le préfet avait le pouvoir de classer tous les chemins sans distinction, ce droit était incontestable contre les arrêtés qu'il rendait, et que le changement de juges n'a pu le faire perdre aux parties. Cependant, il faut reconnaître qu'un pareil recours ne peut être exercé, qu'aucune loi ne donne au ministre le pouvoir d'annuler les décisions des conseils-généraux, sauf les exceptions énoncées par les art. 14, 15, 16 et 17 de la loi du 22 juin 1833; mais il arrivera quelquefois que ces décisions seront annulées par le fait, quand elles seront contraires à la proposition du préfet.

Au surplus, un arrêt du conseil, du 19 février 1840, rendu sur un pourvoi de la ville de Saint-Étienne, décide que les délibérations des conseils-généraux, relatives à des matières sur lesquelles il leur appartient de prononcer définitivement, peuvent être déférées, non au ministre, mais au conseil-d'état pour excès de pouvoir, par exemple, pour violation des formes imposées par la loi ;

Qu'un conseil-général commet un excès de pouvoirs, lorsqu'en classant un chemin vicinal comme chemin de grande communication, il met une partie des dépenses à la charge d'une commune, sans que le conseil municipal de cette commune ait été, au préalable, régulièrement consulté sur le classement, la direction et la répartition des dépenses ;

Qu'un conseil municipal n'a pas été régulièrement consulté sur le classement d'un chemin vicinal de grande communication, lorsqu'il a seulement été interrogé, en termes généraux, par une circulaire préfectorale, sur la question de savoir quels chemins vicinaux devaient être classés comme chemins de grande communication.

Le conseil-général détermine la direction de chaque chemin, c'est-à-dire les territoires à travers lesquels il doit passer, et désigne les communes qui doivent contribuer à sa construction ou à son entretien. Ainsi, son pouvoir n'est pas limité à statuer sur les réparations des chemins ; il s'étend et s'exerce aussi sur les constructions de voies de grande communication.

Quand le conseil-général a déterminé la direction de chaque chemin, et désigné les communes qui doivent contribuer à sa construction ou à son entretien, le préfet est chargé de faire une application plus spéciale de la mesure, en fixant la largeur et les limites du chemin, par conséquent aussi son emplacement, et la proportion dans laquelle chaque commune doit contribuer aux travaux.

Le redressement d'un chemin de grande communication ne peut être prescrit par le préfet seul. Il doit l'être par le conseil-général. Si donc le conseil-général avait d'abord érigé un chemin en voie de grande communication, en avait même prescrit l'élargissement, le préfet ne pourrait, sans une nouvelle délibération, opérer un redressement, qui est tout autre chose. (Arrêts de la cour de cassation, des 20, 21 août 1838, 19 juillet 1839.)

Un amendement proposé par un député, et reproduit par la commission de la chambre des pairs, voulait que le *maximum* de largeur des chemins, qui ne pourrait jamais être dépassé par les préfets, fût fixé par la loi à six mètres, outre trois mètres pour les fossés. Mais le gouvernement s'y opposa et soutint que la plus grande latitude devait être laissée à cet égard à l'administration, à cause de l'extrême variété des localités et des besoins de la population ; l'amendement a, en effet, été repoussé par les deux chambres. Il suit de là que l'on a voulu changer la loi du 9 ventôse an XIII, qui, tout en déclarant maintenir la largeur des chemins alors existans, lorsqu'elle excéderait six mètres, défendait de la porter au delà, quand il y aurait lieu à élargissement. Ainsi, l'administration pourra réduire à moins de six mètres les anciens chemins qui excèdent cette largeur ; elle pourra porter au delà ceux qui ne l'ont pas, faire établir des fossés et des plantations. Ce pouvoir est le même pour les chemins vicinaux ordinaires que pour ceux de grande communication ; il s'étend à tous les chemins sans distinction. Il faut convenir que c'est une bien grande extension de la puissance administrative, et une exception au système général suivi jusqu'à ce jour, car, même pour les routes royales et départementales, nos lois ont établi un *maximum* de largeur qu'il n'est pas permis de dépasser. Des abus peuvent naître de cette omnipotence, et l'obligation imposée aux préfets de fixer par leur règlement le maximum de largeur, n'y a pas suffisamment remédié.

La loi dont nous nous occupons a bien indiqué les formes à suivre pour le classement des chemins vicinaux ; mais elle a gardé le silence sur le cas où ces chemins, perdant de leur utilité, leur déclassement deviendrait nécessaire.

Nous pensons que ce déclassement devrait être prononcé par le conseil-général, sur la proposition du préfet. Les mêmes motifs qui ont fait donner au préfet le pouvoir de proposer, et au conseil-général celui de prononcer le classement, nous semblent pouvoir s'appliquer au déclassement. Les mêmes formalités devraient aussi être remplies.

Comme les chemins vicinaux de grande communication sont d'une grande utilité pour la généralité des habitans du département qu'ils parcourent, il est de toute justice que le département fournisse des subventions pour l'entretien et la réparation de ces chemins ; mais ces subventions ne doivent jamais s'appliquer qu'à l'entretien de la viabilité ; elles ne pourraient être employées à l'achat des terrains nécessaires à la construction et à l'élargissement des chemins. Les communes étant propriétaires du sol de ces chemins, il est bien juste qu'elles paient des terrains qui, quoi qu'il arrive, doivent rester propriétés communales.

### ARTICLE VIII.

## TEXTE.

« Les chemins vicinaux de grande communication, et dans des cas extraordinaires les autres chemins vicinaux, pourront recevoir des subventions sur les fonds départementaux. Il sera pourvu à ces subventions au moyen des centimes facultatifs ordinaires du département, et de centimes spéciaux votés annuellement par le conseil-général. La distribution des subventions sera faite en ayant égard aux ressources, aux sacrifices et aux besoins des communes, par le préfet, qui en rendra compte chaque année au conseil-général. Les communes acquitteront la portion des dépenses mise à leur charge au moyen de leurs revenus ordinaires ; et, en cas d'insuffisance , au moyen de deux journées de prestation sur les trois journées autorisées par l'article 2 , et des deux tiers des centimes votés par le conseil municipal en vertu du même article. »

## COMMENTAIRE.

Cet article a créé une ressource que n'avait point établie la législation précédente. Il porte que les chemins vicinaux de grande communication pourront recevoir des subventions sur les fonds départementaux. Mais remarquons bien ce mot *pourront*, qui indique suffisamment que ces subventions ne sont que facultatives , et que les communes ne peuvent les exiger. Antérieurement à la loi du 21 mai 1836, il était arrivé assez souvent que des fonds départementaux avaient été versés sur les voies vicinales ; mais d'une part , cette mesure était illégale , et de l'autre , elle était partielle , insuffisante , incomplète.

Faisons bien attention à la nature de la ressource qu'on vient de créer ; c'est une subvention, par conséquent un secours subsidiaire qui ne peut être réclamé qu'en cas d'insuffisance des ressources ordinaires. Les communes doivent d'abord employer leurs revenus, ensuite deux des trois journées de prestation et les deux tiers des centimes votés par le conseil municipal. Ces ressources épuisées , elles auraient recours aux fonds départementaux pour achever leurs travaux.

Il importera donc bien , dans le concours de chemins vicinaux ordinaires et de ceux de grande communication qui exigeraient simultanément des travaux, de distribuer les ressources de manière à laisser pour ceux-ci la portion de prestations et de centimes additionnels déterminée par l'art. 8. C'est un *minimum* qui ne peut jamais être détourné de sa destination, bien que l'on puisse le dépasser, si les chemins ordinaires n'emploient pas le surplus des prestations et des centimes, comme on peut consacrer à ceux-ci la totalité des ressources quand les autres n'en ont pas besoin.

Du reste, il est bien entendu que lorsque des travaux indispensables exigent qu'il soit ajouté par des contributions extraordinaires au produit des prestations et des centimes, il y est pourvu conformément aux lois par des ordonnances royales. On peut voir sur ce point les art. 39 et 41 de la loi du 15 mai 1818. Cette disposition existait dans la loi du 28 juillet 1824 ; elle n'est pas reproduite dans la nouvelle ; mais elle n'est pas abolie, et, par conséquent, elle subsiste toujours d'après l'art. 22. A la chambre des pairs, on demanda qu'elle fût abrogée ; mais le gouvernement s'y opposa formellement. Il ajouta d'ailleurs qu'une loi générale, celle de 1818, y avait pourvu, que sa disposition s'appliquait nécessairement à tous les travaux, à toutes les dépenses des communes, conséquemment aux chemins vicinaux. La proposition n'eut pas de suite. Le concours des plus imposés est nécessaire pour le vote des contributions extraordinaires.

D'après l'art. 8 que nous expliquons, dans des cas extraordinaires qui ne sont pas prévus, et ne pouvaient guère l'être, les chemins vicinaux ordinaires peuvent aussi avoir une part aux subventions départementales ; mais comme il eût été dangereux d'abandonner aux préfets seuls l'appréciation de ces cas extraordinaires; qu'il était à craindre qu'ils ne fissent des cas exceptionnels un usage trop étendu, l'instruction ministérielle réserve formellement au ministre de l'intérieur l'autorisation d'appliquer des subventions départementales aux chemins vicinaux ordinaires. Les préfets n'auront donc que le droit de proposer ces subventions, et le ministre statuera sur cette proposition.

### ARTICLE IX.

### TEXTE.

« Les chemins vicinaux de grande communication sont placés sous l'autorité du préfet. Les dispositions des art. 4 et 5 leur sont applicables. »

### COMMENTAIRE.

Les chemins vicinaux de grande communication sont placés, comme on le voit, sous l'autorité immédiate du préfet. Cela ne pouvait être autrement; car on comprend aisément que, lorsqu'il s'agit d'un chemin vicinal ordinaire, le maire de la commune à laquelle appartient ce chemin fasse exécuter les travaux dont sa commune fournit les dépenses; mais on comprend aussi que, lorsque ces dépenses sont à la charge de différentes communes, que le département fournit des subventions, le préfet, mieux à portée d'apprécier les besoins, les ressources de ces différentes communes, et d'ailleurs responsable de l'emploi des deniers départementaux, ait une action directe sur les travaux. C'est lui qui décide comment et à quelles époques ils doivent être affectués. C'est à lui qu'il appartient de régler tous les détails d'exécution qui, pour les chemins vicinaux ordinaires, sont abandonnés aux maires, et ceux-ci doivent obtempérer aux réquisitions de leur supérieur.

Du reste, les dispositions des art. 4 et 5 applicables à ces chemins arment les préfets d'une puissance d'action telle, comme nous l'avons vu, que toutes les difficultés que pourraient soulever les communes ou les particuliers seront facilement aplanies.

Mais l'instruction ministérielle contient sur cet article une disposition dont les préfets feront bien, selon nous, de ne faire usage qu'en cas d'impossibilité absolue de faire autrement. Nous voulons parler de l'emploi des prestations en nature hors du territoire de la commune à laquelle appartiennent les prestataires. Sans doute les prestataires seront bien obligés d'obéir et d'aller, si on le leur ordonne, à des distances éloignées, remplir les obligations que la loi leur impose ; mais il serait à craindre qu'en leur désignant des ateliers à deux ou trois lieues, par exemple, de leur demeure, le découragement ne s'emparât des contribuables, et que les travaux, qu'ils trouvent déjà assez durs lorsqu'ils les exécutent à leur porte, parce qu'ils n'en retirent pas une utilité immédiate, et pour ainsi dire palpable, ne fussent plus à leurs yeux qu'une véritable servitude frappant leurs personnes.

# DISPOSITIONS GÉNÉRALES.

### ARTICLE X.

## TEXTE.

« Les chemins vicinaux reconnus et maintenus comme tels sont imprescriptibles. »

## COMMENTAIRE.

Cet article tranche une question qui était vivement controversée entre les jurisconsultes.

Les uns soutenaient que les chemins vicinaux, même classés, étaient prescriptibles par une possession de trente ans, parce que la possession exclusive d'un particulier pendant un si long tems prouvait que la commune avait retranché ces chemins du tableau des voies publiques, et qu'il n'était pas même besoin, pour cela, qu'il existât un acte écrit ordonnant ce retranchement.

D'autres prétendaient, au contraire, que les chemins même non classés ni portés régulièrement sur les états administratifs comme vicinaux, mais qui, cependant, servaient au public, étaient imprescriptibles par quelque laps de tems que ce fût.

La chambre des députés avait adopté un article fort vague et portant seulement : « Les chemins vicinaux et communaux sont imprescriptibles. » La chambre des pairs a précisé et restreint l'imprescriptibilité à ceux reconnus et classés comme vicinaux, grands ou petits.

Ni dans le rapport fait à la chambre des députés, ni dans celui fait à la chambre des pairs, nous ne trouvons un seul mot pour expliquer et motiver cette disposition. Elle n'a donné lieu, dans la première chambre, à aucune discussion, et l'on dirait qu'elle y a passé inaperçue. A la chambre des pairs, elle a donné lieu à une courte discussion que nous devons reproduire, avant de déterminer l'application de l'article que nous examinons :

*M. le président Boyer.* « Cet article contient une dérogation aux dispositions expresses du Code civil. Dans la législation actuelle, l'imprescriptibilité ne s'applique pas même au domaine de l'Etat, et la preuve en est dans l'art. 2227 de ce Code. Cet article est corroboré par l'art. 541. Par ces deux articles, il demeure constant que les propriétés de l'état ne sont pas exemptes de la prescription. Il me semble que l'on déroge, d'une manière peu réfléchie, à des dispositions aussi formelles ; je regrette de n'avoir pas trouvé dans le rapport de la commission l'indication des motifs de cette dérogation. Il serait dangereux d'introduire, dans une loi qui n'a pas pour objet la prescriptibilité, un article qui contient une dérogation si formelle aux principes généraux. Il serait plus sage de s'en remettre à la législation existante, afin d'éviter les difficultés qui pourraient naître dans les tribunaux sur l'exception qu'on semble introduire en faveur des chemins qui appartiennent aux communes. Je demande la suppression de cet article. »

*M. Girod de l'Ain.* « Il y a un malentendu. On peut prescrire contre l'état, contre les communes, pour les propriétés en quelque sorte à titre privé, et qu'ils possèdent, mais non pas contre certaines propriétés du domaine public. On ne prescrit pas les rivières navigables, les grandes routes. C'est pour y assimiler les chemins vicinaux que la loi contient cet article, conforme, au contraire, à tous les principes.

*M le comte Roy.* « Les chemins vicinaux doivent être considérés sous deux rapports : sous le rapport du service public auquel ils sont affectés, et sous celui de la propriété.

» Sous le premier rapport, ils ne sont point dans le commerce ; et, par conséquent, ils sont du nombre des choses qu'on ne peut prescrire, aux termes de l'art. 2226 du Code civil.

» Sous le second rapport, ils sont prescriptibles, puisque, d'après les dispositions du même Code, l'état, les établissemens publics et les communes sont soumis aux mêmes prescriptions que les particuliers.

» Il faut donc admettre que les chemins vicinaux sont imprescriptibles, lorsque, classés comme chemins vicinaux, ils sont affectés au service public.

» Mais s'ils devenaient inutiles, si la servitude à laquelle ils sont assujettis envers le public cessait d'exister, et si l'autorité compétente les replaçait dans le domaine ordinaire des communes, ils seraient, comme leurs autres biens, susceptibles de prescription.

» Nous croyons donc, pour prévenir toute équivoque que l'article doit être amendé comme nous le proposons par l'amendement que nous avons remis à M. le président, et qu'il faut dire : Les chemins vicinaux, reconnus et maintenus comme tels, sont imprescriptibles. »

*M. le président Boyer.* « Les chemins ne sont pas toujours entretenus dans l'état où ils ont été faits ; il arrive quelquefois des usurpations sur ces chemins, et souvent ils tombent en désuétude, sans qu'il y ait cependant un acte de l'autorité publique qui les ait déclassés. Ils deviennent alors susceptibles d'être prescrits. Dans ce cas là, il me semble qu'il n'y a pas nécessité d'établir dans la loi le principe relatif à l'imprescriptibilité des chemins vicinaux, puisqu'on n'a pas cru qu'il y eût un motif d'introduire dans le Code civil une imprescriptibilité des autres propriétés du domaine de l'état »

*M. le président.* « Vous avez entendu les objections contre l'article et l'amendement. Je vais mettre aux voix l'amendement de la commission. » (Il est adopté.)

Quel est le sens, quel sera l'effet de l'art. 10? Nous avons déjà dit que la chambre des députés l'avait rédigé ainsi : « Les chemins vicinaux et communaux sont imprescriptibles. »

Cette rédaction, d'une grande brièveté, était aussi trop vague, trop absolue.

Comprenait-elle tous les chemins vicinaux et communaux, quoique non encore déclarés tels, et l'imprescriptibilité devait-elle commencer, non de la date de l'acte du préfet qui aurait proclamé la vicinalité, mais de l'époque où il l'aurait fait remonter? Par exemple, un particulier, actionné par une commune pour avoir usurpé un chemin, prétend en être propriétaire, parce que, pendant trente ans, avant l'action, il l'a entièrement labouré, en a recueilli les fruits, et l'a même enclos dans sa cour. La commune alors se pourvoit devant le préfet, qui prend un arrêté par lequel, à la suite d'enquêtes et de vérifications de lieux, il déclare que le chemin est vicinal depuis quarante ans. Cette commune aurait-elle pu, revenant devant le tribunal, opposer que l'arrêté n'est point constitutif, mais déclaratif de vicinalité ; que, par conséquent, l'imprescriptibilité a commencé avec le fait de publicité ou vicinalité, et que le particulier, ne possédant que depuis l'existence de ce fait, n'a point eu une possession valable?

Au premier aspect, la décision peut ne pas sembler très-facile.

Est-elle aujourd'hui sans difficulté, avec l'addition faite par la chambre des pairs, des mots *reconnus* et *maintenus?* La question que pouvait faire naître la première rédaction ne subsiste-t-elle pas en présence de la seconde?

Ne peut-on pas dire encore que si la chambre des pairs avait eu l'intention de ne faire commencer l'imprescriptibilité que de la date de l'acte administratif qui aurait reconnu et maintenu la vicinalité, sans rétroaction à l'époque où cet acte constaterait qu'elle a existé, elle se serait exprimée d'une manière limitative en disant, par exemple, que les chemins sont imprescriptibles à partir de la date de l'acte administratif de maintenue? Ne peut-on pas toujours objecter que la maintenue de vicinalité n'est point constitutive, mais déclarative, et que, d'après la jurisprudence du conseil-d'état rappelée dans notre *Traité des Chemins*, pages 407 et suivantes, l'arrêté du préfet a un effet rétroactif quand il a pris soin de déclarer l'époque où la vicinalité a commencé, tellement, que le conseil de préfecture devient compétent pour réprimer la contravention commise sur un chemin qui n'est reconnu public qu'après cette contravention et la citation donnée devant lui?

Nous eussions désiré plus de précision dans l'énonciation d'un principe si important et si gravement controversé. Nous regrettons que sa consécration n'ait pas été précédée d'un examen, d'une discussion approfondis des deux chambres, qui eussent prouvé qu'on en avait bien senti et calculé toute la portée, et que la question avait été envisagée sous toutes ses faces.

Toutefois, notre opinion personnelle est que l'article dont nous nous occupons a eu pour but de ne faire partir l'imprescriptibilité que du jour de l'acte administratif qui proclame la vicinalité; cela pouvait déjà s'induire de la première rédaction et de la combinaison des art. 1 et 10 du projet de loi. L'art. 1er dispose, en effet, que les chemins vicinaux sont ceux que le préfet a déclarés tels; donc, quand l'art. 10 venait dire ensuite : Les chemins vicinaux sont imprescriptibles, il restreignait l'imprescriptibilité à ceux qui avaient été déclarés tels par arrêtés du préfet. Au surplus, la rédaction de la chambre des pairs semble exprimer cette restriction d'une manière bien plus spéciale, en énonçant les chemins *reconnus* et *maintenus;* cette dernière expression, surtout, a une grande portée. Elle s'applique précisément aux déclarations récentes de chemins anciens, et défend implicitement de les faire rétroagir en constatant l'époque où la vicinalité a commencé. Une vicinalité *maintenue* la suppose préexistante ; et dans la réalité, lorsque le préfet ne prescrit pas l'ouverture d'un nouveau chemin, c'est toujours une vicinalité préexistante qu'il proclame, de sorte que l'addition de la chambre des pairs n'aurait plus aucun sens, si l'on n'y reconnaissait pas celui que nous lui attribuons. Comment, en effet, donner à l'administration le pouvoir indirect de trancher une question de propriété soumise aux tribunaux par une déclaration incidente, et qui peut être erronée de l'époque où la vicinalité a commencé?

Le *Moniteur* du mardi 24 décembre 1839 contient un

très-long rapport de M. Duchâtel, ministre de l'intérieur, en date du 30 septembre 1839, dans lequel on lit e passage suivant qui vient à l'appui de notre raisonnement :

« Le classement des chemins vicinaux était au premier rang des travaux auxquels l'administration devait continuer de donner ses soins ; il importe, en effet, de fixer la limite des obligations des communes, quant au nombre des chemins qu'elles peuvent être tenues d'entretenir ; il n'importe pas moins d'assurer, si je puis m'exprimer ainsi, l'existence de ces voies publiques, d'une part, en leur conférant, par *l'arrêté de classement*, le privilége d'imprescriptibilité que leur donne l'art. 10 de la loi du 21 mai 1836 ; d'autre part, en procurant une plus prompte répression des usurpations qui, pour les chemins vicinaux classés, appartient aux conseils de préfecture. »

M. O'Donnell, maître des requêtes, dans son Code vicinal, publié en 1836, est du même avis.

« Il résulte de cet art. 10, dit-il, que les chemins vicinaux non encore reconnus sont prescriptibles. »

Comment ne pas voir que tant que le chemin n'a point été régulièrement classé et entretenu par la commune à l'aide du mode établi par la loi, il a dû être considéré comme une propriété ordinaire que les particuliers ont cru pouvoir posséder de bonne foi? Comment admettre que le particulier, qui a possédé valablement tant que le véritable caractère de la chose ne lui a pas été révélé par un acte écrit de l'administration, puisse être dépouillé, et voir sa possession dénaturée par un acte qui peut n'intervenir que long-tems après l'accomplissement de la prescription, et alors que le terrain a déjà passé en plusieurs mains par des mutations successives? Ne serait-ce pas jeter le trouble dans une foule de familles qui ont pu faire, sur ce même terrain, d'importantes et coûteuses édifications.

Cette doctrine nous paraît avoir été consacrée par trois arrêts de la cour de cassation des 25 février et 4 décembre 1833 et 6 juillet 1841, ce dernier rendu sur notre plaidoirie. M. Villeneuve, qui les rapporte, fait observer, dans une note sur le dernier, que la prescriptibilité et l'action possessoire eussent été admises, si les faits de possession avaient été antérieurs à la déclaration de vicinalité. (*Voy.* t. XLI, 1-730.)

Tenons donc pour certain qu'en ce qui touche à la prescriptibilité, la déclaration n'a point d'effet rétroactif, parce qu'il s'agit d'une matière spéciale qui ne peut avoir aucune analogie avec les questions de compétence dont nous avons parlé, page 407 et suivantes, de notre *Traité des Chemins*.

Mais il reste encore plusieurs difficultés. Il est aisé au législateur de poser un principe; il n'est pas aussi aisé d'en faire l'application. A notre avis, il s'appliquera même si rarement qu'il aurait mieux valu rester dans les termes du droit commun.

Faisons néanmoins observer, avant d'aller plus loin, qu'un arrêt du conseil, du 5 septembre 1836, rendu dans une espèce où un chemin vicinal avait été classé dès 1828, a décidé, par suite d'un conflit élevé sur une action possessoire intentée en justice par un sieur Lavaud contre la commune de Bergerac, que les chemins vicinaux, reconnus comme tels, étant de leur nature imprescriptibles, ne sont pas susceptibles d'une possession privée, et ne peuvent être l'objet d'actions possessoires portées devant les juges de paix; qu'il appartient exclusivement à l'autorité administrative de maintenir le public en possession de ces chemins.

On lit aussi dans l'arrêt de la cour de cassation, du 6 juillet 1841, rendu sur le pourvoi du sieur Renault contre la commune de Velizy, que si la connaissance des questions relatives à la propriété des terrains qui ont été déclarés chemins vicinaux appartient à l'autorité judiciaire, de même que l'appréciation des faits de possession antérieurs aux actes administratifs qui ont déclaré la vicinalité, nulle action en maintenue ou en renvoi en possession ne peut être considérée comme recevable lorsqu'elle est relative à des faits de possession postérieurs au classement administratif des chemins vicinaux ; qu'on ne peut, aux termes de l'art. 2226, Code civil, prescrire le domaine des choses qui ne sont pas dans le commerce, et qu'un chemin vicinal, après que le sol en a été mis hors du commerce par le classement, n'est plus susceptible de possession privée.

Cela posé, l'imprescriptibilité ne s'appliquera pas à cette foule de chemins communaux que la circulaire du 16 novembre 1839 appelle ruraux et qui servent réellement au public, mais qui n'ont pas assez d'importance pour être portés sur les états de classement ou qui n'y sont pas inscrits à défaut de ressources pour les entretenir.

Ensuite l'imprescriptibilité, ne nous paraissant résulter que de la loi nouvelle, ne pourra régir les chemins classés antérieurement que du jour de sa promulgation, car elle n'a point d'effet rétroactif. Nous renvoyons, à cet égard, à ce que nous avons dit, page 294 et suivantes, de notre *Traité des Chemins*, où nous avons soutenu que le sol des chemins vicinaux était autrefois prescriptible.

Ajoutons que, dans une foule de circonstances, la prescription sera le seul moyen de décider les contestations qui s'élèveront à l'occasion des chemins vicinaux, même classés.

Il arrivera rarement que la direction, les limites du chemin soient établies, par les actes administratifs, avec assez de précision pour que l'on puisse prouver contre un riverain une anticipation sur la largeur même fixée par l'arrêté; à moins que des bornes n'aient été plantées, ou qu'un plan géométrique n'ait été dressé, le riverain que l'on accusera d'anticipation la rejettera sur le voisin qui ne possédera pas depuis trente ans.

Enfin, ne peut-il pas survenir une foule de cas, d'événemens qui dénaturent le chemin, en empêchent l'usage et le rendent prescriptible par la force même des choses?

Par exemple, une inondation brise et bouleverse un chemin vicinal établi sur le revers d'une montagne et oblige les habitans à l'abandonner, à en établir un autre. Le propriétaire, dont le chemin traversait l'héritage, s'en empare, le laboure, le réunit à son fonds avec lequel il ne fait qu'un, et le possède ainsi exclusivement pendant trente ans. Qui osera dire qu'il n'a pas prescrit la propriété de ce chemin ? Les objets consacrés à un usage public peuvent cesser d'y être employés. L'administration peut les faire rentrer dans la classe commune des propriétés. Lorsque, depuis trente ans, elle a substitué une chose à une autre, et que, pendant le même espace, un particulier a joui exclusivement de celle-ci, il y a présomption qu'elle a fait cesser, même par acte écrit, le caractère de chose publique, et que cet acte est perdu.

Telle est l'opinion de Dunod, de M. Vazeilhe, *Traité des Prescriptions;* telle est aussi la nôtre dans notre *Traité des Chemins*.

MM. Proudhon et Troplong, qui n'admettent pas avec M. Vazeilhe et avec nous la prescriptibilité des chemins vi -

cinaux, ou qui ne l'admettent, du moins, qu'avec une distinction que nous aurons occasion de rappeler, enseignent
cependant de la manière la plus positive qu'un chemin
classé peut devenir prescriptible sans qu'il soit intervenu un
arrêté qui l'ait déclassé et l'ait fait rentrer dans le droit
commun; ils combattent sur ce point l'opinion de M. Isambert et de M. Cotelle.

Les explications données à la chambre des pairs viennent
à l'appui de l'inutilité d'un arrêté de déclassement.

M. Roy a exposé les divers cas dans lesquels les chemins deviennent prescriptibles : c'est lorsqu'ils sont inutiles, que la servitude envers le public cesse d'exister, et
qu'ils sont déclassés.

On ne peut pas dire qu'il ait exigé le cumul de toutes ces
circonstances ; par exemple, son intention n'a pu être de
vouloir que le chemin fût inutile et que l'administration
l'ait déclassé. La mesure administrative suffit et lève tous
les doutes ; personne ne pourrait faire infirmer l'arrêté administratif, sous prétexte que le chemin est utile, et entreprendre une discussion sur ce point de fait.

L'inutilité, la désuétude du chemin ne sont à rechercher
que lorsqu'il n'y a pas d'acte administratif, parce qu'à défaut de cet acte qui établit le droit, la question se résout par
l'examen et l'appréciation du fait.

MM. Proudhon et Troplong, tout en soutenant que les
chemins vicinaux sont imprescriptibles, reconnaissent qu'ils
deviennent sujets à la prescription trentenaire, à partir de
l'époque où, à raison de leur dégradation, ils ont cessé de
faire leur office.

Le premier formule ainsi son opinion :

« Les fonds du domaine public deviennent prescriptibles

par le seul fait de leur dégradation accidentelle, après l'anéantissement du service dont ils étaient affectés, sans qu'il soit nécessaire qu'il y ait un décret de l'autorité compétente pour ordonner la suppression de l'établissement et la rentrée du sol dans le commerce. »

L'opinion de M. Troplong, développée avec étendue et talent, revient, à peu de chose près, au même résultat.

Ils conviennent l'un et l'autre de la difficulté de constater les faits de dégradation accidentelle et d'anéantissement du service public avant la prise de possession du particulier, après trente, quarante, cent ans, car sa jouissance peut remonter jusque là ; mais ils disent que ce sera l'affaire des juges de débrouiller le chaos.

Pour nous, nous pensons qu'en présence de tant d'exceptions et de distinctions, le principe de l'art. 10 de la nouvelle loi est une abstraction, une théorie sans application et presque sans efficacité.

A notre avis, il n'aura d'autre effet que de rendre les tribunaux sévères et réservés sur l'admission des faits de possession, d'autre résultat que de les porter à exiger des actes possessoires bien caractérisés, surtout quand, sans contester l'existence du chemin, les riverains n'invoqueront la prescription que pour conserver quelques pieds sur ses bords. La loi (art. 2229, Code civil) exige une possession non équivoque et à titre de propriétaire. Nous concevons que les juges soient enclins à réputer équivoque la possession d'un terrain qu'on prouvera nettement avoir fait partie d'un chemin ; nous approuvons une plus grande sévérité, une plus grande exigence en cette matière qu'en beaucoup d'autres ; mais nous ne croyons pas que les juges puissent

prononcer par fin de non-recevoir, et se dispenser d'examiner les faits de possession allégués.

De tout ce que nous venons de dire, il résulte qu'il eût
mieux valu rester dans le droit commun, et que, malgré le
principe consacré par la loi, on y sera presque toujours
ramené par la force des choses.

ARTICLE XI.

## TEXTE.

« Le préfet pourra nommer des agens voyers. Leur traitement sera fixé par le conseil-général. Ce traitement sera
prélevé sur les fonds affectés aux travaux. Les agens voyers
prêteront serment. Ils auront le droit de constater les contraventions et délits, et d'en dresser des pro ès-verbaux. »

## COMMENTAIRE.

La loi ne désigne pas la classe dans laquelle le préfet
devra choisir les agens voyers, et n'en exclut, par conséquent, aucune. Il pourra donc faire porter son choix sur
qui bon lui semblera, sur les ingénieurs des ponts-et-chaussées ou tous autres ; la plus grande latitude lui est laissée
à cet égard, ainsi que l'a déclaré à la chambre des députés
M. le ministre des travaux publics.

La loi ne trace aucune formalité pour la rédaction des
procès-verbaux. Elle ne les soumet même pas à celle de
l'affirmation ; d'où il faut tirer la conséquence qu'ils en sont
exempts. Cela résulte du rejet de l'amendement de M. de
Golbéry qui voulait les y assujettir, et des arrêts de la cour
de cassation. On a voulu simplifier les formes.

Ces procès-verbaux peuvent être débattus par des preuves

contraires, car le principe consacré par l'art. 154 du Code d'instruction criminelle est général et s'applique à toutes les matières. L'art. 11 de la nouvelle loi ne dit pas que les procès-verbaux des agens voyers feront foi jusqu'à inscription de faux, comme le portent les lois sur les droits réunis, les douanes, les délits forestiers et les servitudes militaires.

Au surplus, même en matière de grande voirie, les rapports ne font foi que jusqu'à preuve contraire, ainsi que l'a décidé le conseil-d'état par arrêt du 21 mars 1834 rendu dans l'espèce suivante :

Le sieur Pichard, propriétaire d'une maison sujette à reculement sise quai des Chartrons, à Bordeaux, a été mis en contravention, par le conducteur des ponts-et-chaussées, pour avoir, sans permission de l'autorité compétente, fait crépir et couvrir avec des placages et tuileaux les pierres défectueuses et les lézardes de la façade de ladite maison.

Le conseil de préfecture, sur la déclaration de huit voisins que la maison n'avait pas de lézardes et qu'ils n'y avaient vu faire qu'un blanchissage, a relaxé le sieur Pichard de la contravention qui lui était imputée.

Recours au conseil-d'état de la part du ministre du commerce et des travaux publics.

« Les conséquences d'un pareil jugement, disait le ministre, sont graves, et je ne pense pas qu'on puisse en laisser subsister le principe. Un conseil de préfecture peut, sans doute, constater et déclarer que les faits énoncés dans un procès-verbal ne constituent pas une contravention ; mais il excède ses pouvoirs, lorsqu'il dénie à ces faits la foi qui leur est due, tant que la partie intéressée ne s'est pas inscrite en faux contre leur énonciation, et qu'un jugement du tribunal civil n'a pas donné gain de cause à cette partie ; en d'autres termes, l'appréciation des faits appartient au conseil de préfecture, mais la question de savoir s'ils sont vrais ou faux doit être déférée à l'autorité judiciaire. Le conseil de préfecture de la Gironde s'est écarté de cette règle, en admettant, dans l'espèce, la preuve testimoniale, au sujet du délit reproché au sieur Pichard. Je pense donc que son arrêté doit être annulé.

Sur ce, est intervenu l'arrêt suivant :

« Vu le réglement du 22 juillet 1806; vu la loi du 29 floréal an x ; vu les décrets du 18 août 1810 et du 16 décembre 1811 ;

» Considérant que, d'après les lois et réglemens de la matière, les procès-verbaux des agens de la grande voirie ne font foi que jusqu'à preuve contraire; que, dès lors, ledit conseil de préfecture n'est point sorti des bornes de sa compétence, en admettant devant lui la discussion des faits opposés à la contravention imputée au sieur Pichard par le procès-verbal du 12 mai 1832 :

» ART 1er. L'exception d'excès de pouvoir et d'incompétence, présentée par notre ministre du commerce et des travaux publics contre l'arrêté du conseil de préfecture de la Gironde, du 1er octobre 1832, est rejetée. Il sera procédé, contradictoirement à l'instruction du fond, devant nous, en notre conseil-d'état. »

Le même principe a encore été consacré par un autre arrêt du conseil, du 19 janvier 1836, qui a, en outre, décidé qu'un seul gendarme pouvait valablement constater un délit de voirie. (*Voy*. le *Recueil des Arrêts du conseil.*)

Nous devons, d'ailleurs, faire remarquer que la création d'agens spéciaux pour veiller à la conservation des chemins n'empêche pas les gardes champêtres et autres officiers

auxilia res de police judiciaire de constater la contravention. Le pouvoir, qui leur était antérieurement conféré par
la législation, ne leur est pas retiré par la loi nouvelle. Ils
ont donc la concurrence avec les agens récemment créés.

## ARTICLE XII.

### TEXTE.

« Le *maximum* des centimes qui pourront être votés par
les conseils généraux, en vertu de la présente loi, sera
déterminé annuellement par la loi de finances. »

### COMMENTAIRE.

Cet article, tel qu'il avait été adopté par la chambre des
députés, soumettait aussi à la fixation de la loi des finances
le *maximum* des centimes à voter par les conseils municipaux
ou à imposer d'office. Cette partie de l'article a été retranchée par la chambre des pairs avec beaucoup de raison, car la loi a elle-même déterminé le *maximum* que peuvent imposer les conseils municipaux, tandis qu'elle n'a
mis aucune limite au vote des conseils-généraux. »

## ARTICLE XIII.

### TEXTE.

« Les propriétés de l'état, productives de revenus, contribueront aux dépenses des chemins vicinaux dans les mêmes proportions que les propriétés privées, et d'après un
rôle spécial dressé par le préfet.

» Les propriétés de la couronne contribueront aux mêmes dépenses, conformément à l'article 13 de la loi du 2
mars 1832. »

## COMMENTAIRE.

La commission de la chambre des députés avait rédigé d'une manière plus absolue la première partie de cet article. Il y était seulement dit : Les propriétés de l'état contribueront, etc. Mais, sur l'observation de M. Calmon, directeur de l'enregistrement et des domaines, que l'état possédait une foule de propriétés consacrées à des usages publics, et qui, loin de produire des revenus, étaient l'occasion de très-grandes dépenses, on inséra dans la loi les expressions restrictives, *productives de revenus.*

Il est donc bien entendu qu'il n'y a que les propriétés de l'état productives de revenus, telles qu'une forêt, des moulins, des prés, etc., qui doivent contribuer aux dépenses des chemins; mais une caserne, un hôpital militaire, une citadelle, des remparts de place de guerre en sont affranchis.

Ce n'est pas la commune, dans le territoire de laquelle les propriétés sont situées, qui doit régler le montant des prestations et des centimes à la charge de l'état; c'est le préfet qui doit faire un rôle spécial à cet égard. Ce fonctionnaire représente en effet l'état pour tout ce qui intéresse ses actions et ses biens. On a craint d'ailleurs que l'esprit de localité n'entraînât les communes à surcharger injustement les propriétés dont nous parlons. Au surplus, si elles croyaient avoir à se plaindre de la mesure préfectorale, elles auraient les voies de réclamations qui sont de droit commun.

Il est incontestable que le régisseur, fermier ou administrateur des biens de l'état, productifs ou non de revenus, est assujetti à la prestation pour sa personne, ses parens et serviteurs, voitures et bêtes de somme, d'après les règles ci-dessus exposées sur l'art. 3, indépendamment des centimes additionnels à raison des propriétés productives de revenus.

Suivant la deuxième partie de l'article que nous discutons, les propriétés de la couronne contribuent indistinctement et sans exception aux dépenses des chemins vicinaux, aux termes de l'art. 13 de la loi du 2 mars 1832.

Cet article est ainsi conçu :

« Les propriétés de la couronne ne seront pas soumises à l'impôt ; elles supporteront néanmoins toutes les charges communales et départementales. Afin de fixer leurs portions contributives dans ces charges, elles seront portées sur les rôles, et pour leurs revenus estimatifs de la même manière que les propriétés privées. »

Ainsi, aucune restriction à la règle, quant à ces biens, qu'ils soient ou non productifs de revenus, ils doivent sans distinction contribuer aux dépenses des chemins. Le préfet n'est pas chargé de faire le rôle spécial, parce que, d'après la loi de 1832, ils figurent, pour leurs revenus estimatifs, sur le rôle ordinaire des impôts publics.

A plus forte raison, les biens composant le domaine privé du roi doivent-ils contribuer aux dépenses des chemins.

Les contributions à fournir par les propriétés de l'état et de la couronne ne doivent pas être assises seulement en vue des centimes spéciaux votés par les conseils munici-paux, en vertu de l'art. 2. Lorsqu'un conseil général vote des centimes spéciaux en vertu du second paragraphe de l'art. 8, ces centimes doivent, comme les centimes com-munaux, atteindre les propriétés de l'état et de la couronne : c'est ce qui résulte évidemment de l'obligation imposée à

ces propriétés de contribuer aux travaux des chemins vicinaux, dans les mêmes proportions que les propriétés privées.

ARTICLE XIV.

## TEXTE.

« Toutes les fois qu'un chemin vicinal, entretenu à l'état
de viabilité par une commune, sera habituellement ou temporairement dégradé par des exploitations de mines, de
carrières, de forêts, ou de toute entreprise industrielle
appartenant à des particuliers, à des établissemens publics,
à la couronne ou à l'état, il pourra y avoir lieu à imposer
aux entrepreneurs ou propriétaires, suivant que l'exploitation
ou les transports auront eu lieu pour les uns ou les autres,
des subventions spéciales, dont la quotité sera proportionnée à la dégradation extraordinaire qui devra être attribuée
aux exploitations.

» Ces subventions pourront, au choix des subventionnaires, être acquittées en argent ou en prestations en na
ture, et seront exclusivement affectées à ceux des chemins
qui y auront donné lieu.

» Elles seront réglées annuellement, sur la demande des
communes, par les conseils de préfecture, après des expertises contradictoires, et recouvrées comme en matière
de contributions.

» Les experts seront nommés suivant le mode déterminé
par l'art. 17 ci-après.

» Ces subventions pourront aussi être déterminées par
abonnement; elles seront réglées, dans ce cas, par le préfet en conseil de préfecture. »

## COMMENTAIRE.

Pour bien entendre ce long article et en calculer toute la portée, il faut le rapprocher de la disposition analogue de la loi de 1824 et du projet adopté par la chambre des députés.

Voici d'abord l'art. 7 de la loi du 28 juillet 1824:

« Toutes les fois qu'un chemin sera habituellement ou temporairement dégradé par des exploitations de mines, de carrières, de forêts ou de tout autre entreprise industrielle, il pourra y avoir lieu à obliger les entrepreneurs ou propriétaires à des subventions particulières, lesquelles seront, sur la demande des communes, rég'ées par les conseils de préfecture, d'après des expertises contradictoires. »

L'article du projet, adopté par la chambre des députés, qui différait peu de celui de la loi précédente, était ainsi conçu :

« Toutes les fois qu'un chemin sera habituellement ou temporairement dégradé par des exploitations de m nes, de carrières, de forêts, de tou'e entreprise industrielle appartenant à des particuliers, à des établissemens publics, à la couronne ou à l'état, il pourra y avoir lieu à imposer des subventions spéciales aux entrepreneurs ou propriétaires; ces subventions seront églées annuellement par les conseils de préfecture, après des expertises contradictoires, et recouvrées comme en matière de contributions directes. Les subventions pourront aussi être déterminées par abonnement ; elles seront réglées, dans ce cas, par le conseil municipal, s'il s'agit de chemins communaux, et par le préfet en conseil de préfecture, s'il s'agit de chemins vicinaux. »

M. Roy, rapporteur de la loi à la chambre des pairs, après avoir rappelé les raisons de ceux qui combattaient cet article, ajoutait : « Votre commission, Messieurs, a examiné ces diverses observations avec une attention particulière.

« Elle en a senti l'importance.

» Mais la disposition qui en est l'objet existe déjà dans la loi du 28 juillet 18.4 ; nous avons pensé qu'elle devait être maintenue dans la loi nouvelle, et qu'il devait suffire de l'expliquer de manière à en prévenir l'abus et à empêcher qu'elle ne reçoive une application injuste ou arbitraire.

» Le projet de loi n'assujettit pas d'une manière absolue les entrepreneurs ou les propriétaires au paiement d'une indemnité ; il porte seulement qu'il pourra y avoir lieu à leur imposer une subvention spéciale. « Cette subvention n'aurait pas pour cause une dégradation ordinaire, telle qu'elle est occasionée par le tems ou qu'elle est l'effet de l'usage commun d'un chemin, mais une dégradation extraordinaire qui sortirait des proportions ordinaires.

» Résultant de faits et d'obligations personnelles, elle ne serait pas imposée aux propriétaires *et* aux entrepreneurs, mais aux propriétaires *ou* aux entrepreneurs, suivant que les uns ou les autres exploiteraient, et suivant que l'exploitation ou les transports auraient eu lieu pour les uns ou pour les autres.

» Elle ne pourrait être réclamée qu'autant que le chemin aurait été précédemment entretenu à l'état de viabilité.

» Elle ne serait imposée au propriétaire exploitant ou à l'entrepreneur, que dans la proportion dans laquelle la dégradation extraordinaire devrait lui être imputée.

» Elle serait toujours exclusivement affectée aux chemins qui en auraient été l'objet, etc... »

Le § 1er de l'article que nous examinons, tel qu'il avait été proposé par la commission de la chambre des pairs, contenait, à la suite du mot exploitation, les expressions suivantes qui le terminaient : « et ne pourra être exigée qu'autant que la commune aura acquitté la portion qui demeurera à sa charge. »

M. de Gasparin demanda ce que la commission avait entendu par ces mots : « et ne pourra être exigée, etc... ; » il lui sembla que c'était faire faire à la commune l'avance d'une redevance ou d'un travail do.t les entrepreneurs devaient une partie.

*M. le comte Roy, rapporteur*, répondit : « Comme les réparations aux chemins dégradés devront être faites simultanément par les communes et les subventionnaires, il n'y a pas d'inconvénient à retrancher les mots : « et ne pourra » être exigée, etc. »

*M. Humblot Comté* a dit aussi : « La commission a voulu que la commune ne pût profiter d'une circonstance pour faire entretenir le chemin par le propriétaire d'une exploitation quelconque ; elle a voulu que la commune payât d'abord sa part. En effet, la charge naturelle de la commune, c'est d'entretenir son chemin à l'état de viabilité. L'exploitation qui le dégrade, ne le dégrade qu'après qu'il a été mis à l'état de viabilité ; c'est alors seulement que l'exploitation doit être appelée à contribuer à la réparation du chemin dégradé par elle.

» Il ne faut pas, si l'on veut encourager l'industrie, autoriser les communes à se décharger sur elle, du soin d'entretenir leurs chemins. »

*M. de Gasparin.* « Entend-on que si la commune réparait complètement le chemin, l'exploitation ne devrait plus rien ? »

*M. Humblot Comté.* « Il y aura lieu à un arbitrage pour déterminer la part afférente à la commune et celle afférente à l'exploitation ; mais l'exploitation ne sera tenue d'acquitter sa part qu'autant que la commune aura acquitté la sienne. »

*M. Girod de l'Ain.* « Cette dernière partie de l'article peut donner lieu à beaucoup de difficultés dans une matière qui en provoque déjà bien assez par elle-même.

» Le mot commune comprend tous les individus qui la composent. Quand on parle de la portion à sa charge, on parle de la prestation en nature comme de la prestation en argent. On ne pourra donc exiger, de celui qui est cause de la dégradation, sa part dans la réparation de cette dégradation, qu'autant que tous ceux qui devront des journées de travail ou des contributions auront exécuté leur prestation. Cela me paraît d'une exécution impraticable. »

*M. le rapporteur.* « La commission consent au retranchement de cette partie de l'amendement. »

*M. Aubernon.* « La commission propose de dire : « En-
» tretenu à l'état de viabilité. » Tout le monde sait parfaitement que les chemins communaux sont pour la plupart dans un état complet d'inviabilité. On conçoit très-bien qu'on doive faire concourir les entrepreneurs comme habitans de la commune ; mais pour les faire concourir comme entrepreneurs, il faut nécessairement partir de l'état de viabilité. »

( Le premier § avec le retranchement des mots : « et ne pourra être exigée, etc. » est adopté. )

*M. le baron Silvestre de Sacy.* « Il y a dans le second §
une phrase qui n'est pas française. On dit : « et seront exclusivement affectés à chacun des chemins qui y aura donné
lieu » ; il faudrait dire : « A ceux des chemins qui y auront
donné lieu. »

( Le deuxième § est adopté avec cette rectification. )

Le reste de l'article est adopté avec les amendemens pro-
posés par la commission.

Lorsque la loi fut soumise de nouveau à la chambre des
députés, M. Enouf demanda, dans la séance du 17 mai, le
retranchement des expressions : *chemin entretenu à l'état de
viabilité*, ajoutées par la chambre des pairs.

M. de Montalivet s'y opposa, et les expliqua ainsi : « On
n'a voulu demander aux propriétaires que la réparation du
dommage, des dégradations qu'ils avaient occasionées.
La rédaction de la chambre des pairs a pour but de poser
ce principe. Par exemple, un chemin se trouve dans un
parfait état ; il est évident que si un propriétaire de bois
ou d'usine y passe, et que des voitures dégradent ce chemin, dans ce cas, il devra faire toutes les réparations. Au
contraire, si une commune, comptant sur ce que dans deux,
trois ou quatre ans, une exploitation de forêt ou d'usine
aura lieu, laisse le chemin en souffrance, afin que, plus
tard, le propriétaire, arrivant à son exploitation, soit obligé
de le réparer, il y aurait injustice si la loi ne s'expliquait
pas formellement, car le propriétaire ne doit supporter que
des dégradations par lui faites ; autrement, le principe serait injuste, ce que nous ne voulons pas. Eh bien! la première rédaction a voulu exprimer le principe que la base
de toute opération devait être que le chemin devait être en

état de viabilité. Cela ne fait pas que la commune sera
obligée de dépenser une certaine somme ; mais cela fera
que le propriétaire ne sera taxé que d'après les dégradations
de son fait. »

Il résulte de cette discussion et du retranchement
des expressions : *ne pourra être exigée*, d'une part, que
la commune ne peut être tenue de remplir ses obligations
avant de réclamer les subventions des entrepreneurs, qu'au
contraire la commune et les entrepreneurs doivent contribuer simultanément aux dépenses des chemins ; et de
l'autre, que ce n'est toutefois qu'autant qu'ils auront été
mis en état de viabilité, et que c'est par la fréquentation
des entrepreneurs ou propriétaires des chemins à l'état de
viabilité, qu'a été causée leur dégradation, qu'ils peuvent
être tenus à la subvention.

Nous avions soutenu, dans la quatrième édition de notre
*Traité des Chemins*, p. 332, que les entrepreneurs, propriétaires, etc., ne pouvaient être assujettis à des subventions, qu'à raison des dégradations commises aux chemins
de la commune même dans laquelle leur propriété, leur
établissement industriel étaient situés ; qu'ils ne pouvaient
être assujettis à un impôt pour réparations des chemins des
autres communes qu'ils ne faisaient que traverser ; et nous
avions combattu la jurispruden e du conseil-d'état contraire à cette opinion.

Nous nous fondions sur les termes de l'art. 1er de la loi
du 28 juillet 1824, qui mettaient les chemins à la charge
des communes sur le territoire desquels ils étaient établis,
et sur l'exposé des motifs de cette loi par le ministre de
l'intérieur, desquels il résultait, suivant nous, que les réparations des chemins étaient, dans tous les cas, à la charge

des habitans, même lorsqu'il s'agissait de celles nécessi-
tées par la dégradation extraordinaire provenant d'une exploitation de mines, de carrières, de forêts, etc....

Mais nous avouons que cette opinion ne peut plus être
soutenue aujourd'hui, que les principes de la nouvelle loi
diffèrent essentiellement, sur ce point, de ceux de la législation précédente. On a vu, en effet, que les mots : *sur
le territoire desquels ils sont établis*, avaient été retranchés
de l'art. 1ᵉʳ; que, d'après l'art. 6, une commune pouvait
être tenue de réparer les chemins vicinaux ordinaires situés
dans le territoire d'une autre ; que ce principe s'applique
avec plus de force encore aux réparations des chemins de
grande communication. Or, la subvention qui vient en addition à la contribution ordinaire devant suivre le sort de
celle-ci, dès que les entrepreneurs ou industriels sont assujettis, comme habitans, à réparer les chemins des autres
communes, à proportion de l'usage qu'ils en font et de la
dégradation qu'ils leur causent, il s'ensuit qu'ils doivent
également être tenus d'y ajouter une subvention pour la
dégradation extraordinaire produite par leur exploitation.
Cette interprétation a été donnée à la loi dans la discussion
à la chambre des députés.

Un membre demandait la modification de l'article, au
moins en ce qui concernait l'exploitation des forêts; il faisait remarquer combien serait onéreuse pour le propriétaire
ou l'acheteur de la coupe l'obligation d'entretenir les chemins de diverses communes par lesquelles il passerait, et
qui pourraient quelquefois être éloignées de douze lieues de
celle où la forêt est située; M. Vivien lui fit observer que
ce n'était pas une innovation qu'introduisait la nouvelle
loi, que sa disposition existait déjà ( et, en effet, nous avons

vu que c'était la jurisprudence en conseil d'état). L'amendement fut repoussé.

En y réfléchissant bien, on reconnaîtra que l'obligation imposée aux exploitans est assez juste; elle est fondée sur le principe qui mesure l'étendue de la dette au profit retiré de la chose et à la dégradation qu'on y cause. On peut dire aux entrepreneurs : « Vous usez des chemins, vous leur causez une détérioration extraordinaire; réparez le mal que vous faites. »

Du reste, les précautions prises par le législateur sont de nature à empêcher que la charge ne devienne trop pesante, et ne soit injustement imposée. La loi est conçue en termes facultatifs; elle exige qu'il s'agisse d'une dégradation extraordinaire, et qu'il soit bien établi par une expertise, comme par la décision du conseil de préfecture, qu'elle doive être attribuée à l'exploitation. Elle prend soin de déterminer, avec autant de précision que possible, la nature des exploitations qui entraînent la subvention; ce sont celles de mines, de carrières, de forêts ou de *toute entreprise industrielle.*

Sans doute, ces dernières expressions : *toute entreprise industrielle,* sont assez vagues pour qu'un esprit étroit de localité cherchât à en abuser, en leur donnant une extension à l'aide de laquelle on y comprendrait beaucoup d'établissemens étrangers à l'industrie proprement dite; mais la raison et la justice des administrateurs obvieront à cet inconvénient, en restreignant le plus possible l'application de cette disposition, qui n'est, après tout, qu'une exception au droit commun, et en empêchant notamment qu'on ne l'étende à une exploitation d'agriculture, quelque considérable qu'elle soit.

La subvention est due pour toute dégradation causée par les exploitations des propriétés, ou de toute entreprise industrielle appartenant à des particuliers, à des établissemens publics, à la couronne ou à l'état, sans distinction entre les biens productifs et non productifs de revenus ; car la loi est conçue en termes généraux qui n'admettent aucune exception.

Il suffirait d'un seul transport, d'un seul passage par un chemin pour que la subvention pût être exigée, puisque la loi parle de dégradation habituelle ou *temporaire*. Mais on conçoit que s'il doit être bien prouvé, dans tous les cas, que l'exploitation est la cause du dommage, et de combien est sa quotité, la preuve doit être plus rigoureusement exigée encore lorsqu'il n'y a eu qu'un seul transport.

L'art. 14, que nous examinons, décide une question qui avait été diversement jugée par le conseil d'état, et sur laquelle il y avait contrariété dans sa jurisprudence. La subvention doit être acquittée par l'auteur de la dégradation. C'est une application du principe général établi par l'art. 1382 du Code civil, que tout dommage doit être réparé par celui qui en est la cause. Quand le propriétaire exploite lui-même, il doit la subvention; mais quand il a vendu le produit de ses forêts, mines ou carrières, ce sont les acquéreurs qui y sont soumis, parce que leur exploitation est la cause de la dégradation. Il n'aurait pas été juste d'autoriser les communes à poursuivre les propriétaires, sauf le recours de ceux-ci contre les exploitans. Aucune loi n'autorisant un tel circuit d'actions, ce serait soumettre arbitrairement un propriétaire à deux procès longs et dispendieux, que de l'obliger à répondre aux prétentions de la commune, sauf recours contre les exploitans. Les termes de la loi, et l'exposé des motifs par M. le comte Roy, ne laissent aucun doute sur l'interprétation que nous lui donnons.

L'instruction ministérielle porte à ce sujet :

« Vous comprendrez, cependant, M. le préfet, que toutes les fois qu'une mine ou une carrière, sans être exploitée directement par son propriétaire, est livrée à l'exploitation d'un grand nombre d'individus qui viennent y prendre successivement un certain nombre de voitures de minerai ou de mètres cubes de pierres ; vous comprendrez que ce ne sont pas là des entrepreneurs auxquels la commune puisse être tenue de s'adresser. Dans ce cas, il n'y a évidemment pas exploitation régulière, comme l'entend la loi ; il y a vente par le propriétaire d'une denrée qu'il permet d'enlever ; mais c'est pour lui, à son profit et pour son compte que se font les transports. Je ne doute pas que ce ne soit ainsi que l'entendra le conseil de préfecture, le cas échéant.

» De même, lorsqu'une forêt, quel qu'en soit le propriétaire, est exploitée par voie d'adjudication, les adjudicataires des lots ne peuvent être assimilés à des entrepreneurs. Ils ne portent nulle part le nom d'entrepreneurs, mais bien celui d'adjudicataires. Vouloir que la commune s'adresse à eux au lieu de s'adresser au propriétaire de la forêt, ce serait exposer souvent la commune à perdre l'indemnité à laquelle elle a droit ; ce serait au moins l'obliger à des démarches longues et difficiles, car les adjudications peuvent se faire par lots très-nombreux, et les adjudicataires peuvent souvent résider dans des communes très-éloignées.

» Cette interprétation n'est, au surplus, que l'application de ce principe de droit commun qui ne permet pas qu'on contraigne un créancier à souffrir, contre son gré, la substitution de son débiteur, et ici le débiteur naturel de la commune, c'est le propriétaire de la forêt et non les adjudicataires des lots. C'est ainsi que l'ont décidé des ordonnances royales rendues récemment en matière contentieuse. La dernière est du 8 janvier 183o. »

Les experts et tiers experts nommés pour la fixation de la subvention spéciale, doivent prêter serment à peine de nullité. (Arr. cons., 23 août 1836, 14 février 1839, 3o juillet 184o.)

Du reste, les subventions spéciales ne doivent pas être imposées d'office et ne peuvent être établies que sur la demande des communes. (Arr. cons., 1o décembre 184o.)

Les entrepreneurs de travaux publics, tels que ceux de routes royales ou départementales, ne peuvent être assujettis à des subventions spéciales, à raison des dégradations extraordinaires causées aux chemins vicinaux par suite des travaux dont ils sont chargés. (Arr. cons., 24 avril 1837, 19 décembre 1838.)

### ARTICLE XV.

### TEXTE.

« Les arrêtés du préfet portant reconnaissance et fixation de la largeur d'un chemin vicinal, attribuent définitivement au chemin le sol compris dans les limites qu'ils déterminent.

» Le droit des propriétaires riverains se résout en une indemnité qui sera réglée à l'amiable par le juge-de-paix du canton, sur le rapport d'experts nommés conformément à l'art. 17. »

## COMMENTAIRE.

L'art. 10 de la loi du 28 juillet 1824, prévoyant le cas
où il y aurait nécessité de prendre la propriété d'un particulier pour l'élargissement, l'établissement d'un chemin ou
pour en extraire les matériaux indispensables à la confection
des travaux, obligeait à suivre les formes de l'expropriation,
lorsque la valeur de la propriété excédait 3,000 fr. Cette
disposition n'était pas très-claire, et donnait lieu dans la
pratique à une foule de difficultés.

La loi actuelle adopte un système plus complet, plus
simple et aussi facile à comprendre qu'à exécuter.

Nous avons entendu soutenir que l'art. 15 ne s'appliquait
qu'au cas de reconnaissance et de fixation de largeur d'un
chemin vicinal, et non à celui de classement ou déclaration de vicinalité du chemin en lui-même; mais c'est là une
erreur, et l'objet de l'art. 15 est évident et porte sur deux
cas différens : 1° une commune prétendant qu'un chemin est
vicinal, demande au préfet de le déclarer tel, d'en fixer la
direction, l'emplacement, la largeur.

Ce fonctionnaire, à l'aide d'enquêtes, de visites de
lieux, d'anciens plans et autres documens, recherche et
reconnaît la vicinalité ancienne; il fixe la largeur et l'emplacement. Il déclare que l'ancien état de choses doit être
maintenu ou rétabli, parce que l'utilité publique l'exige.

Le préfet agit dans le cercle de ses attributions, puisqu'il
recherche et constate d'abord que le public est depuis long-
tems en possession du chemin ; c'est là une condition fon-
damentale, indispensable ; car si le public n'était pas en
possession, il s'agirait de l'établissement ou de l'ouverture

d'un nouveau chemin, et il faudrait alors procéder conformément à l'art. 16. (Arr. cons., 11 mai 1838.)

2° Une commune prétendant qu'un chemin est trop
étroit, demande une augmentation de largeur, et le préfet
l'ordonne aux dépens des héritages voisins.

Son arrêté est au moins une déclaration d'utilité publique qui oblige le particulier à abandonner sa propriété
moyennant indemn té. Sans doute, il peut paraître rigou-
reux, en ce cas, de ne pas accorder au propriétaire les garanties assurées par les formes relatives à l'expropriation;
car il pourrait bien arriver qu'avec la précaution de déclarer
une vicinalité ancienne, on en établirait réellement une
nouvelle, soit en s'emparant d'un chemin particulier, soit
en créant un chemin sur une propriété privée qui n'en aurait jamais supporté.

Mais, d'abord, il ne faut pas supposer, dans le premier
fonctionnaire d'un département, l'intention de tourmenter
ses administrés par des actes arbitraires; ens ite, le recours
au minis're scrait une garantie, surtout d'après les principes
développés dans son instruction de 1836; enfin, la question de propriété resterait toujours pour arrêter les dispositions malveillantes, puisque l'obligation de payer une
indemnité pourrait faire réfléchir aux conséquences d'une
déclaration de vicinalité, et même porter à un déclassement.

Cependant, il faut, pour que cette indemnité soit allouée,
que la propr été du terrain ne soit pas contestée.

La reconnaissance de vicinalité, qui n'est qu'une déclaration d'utilité publique, ne juge ni ne préjuge la question
de propriété en faveur de la commune. Malgré cette reconnaissance, les particuliers peuvent toujours se prétendre

propriétaires et porter leur action devant les tribunaux ; et a plus forte raison, l'arrêté du préfet ne peut-il être opposé à la commune pour l'empêcher de contester la propriété du riverain et de se prétendre elle même propriétaire.

Lorsque la question de propriété est résolue en faveur du riverain, il ne peut pas pour cela reprendre son terrain. L'article ci-dessus décide positivement qu'il n'a droit qu'à une indemnité.

Cette indemnité est réglée à l'amiable, ou, en cas de discord, par le juge de-paix du canton, sur un rapport d'experts.

La loi ne dit pas si le juge-de-paix prononcera comme juge et en dernier ressort, ou s'il y aura lieu à l'application des règles ordinaires sur l'appel et le pourvoi en cassation. Nous pensons que ce silence est une preuve de l'intention de rester dans le droit commun. En conséquence, il y aura lieu à l'appel, quand la sentence du juge-de-paix portera une condamnation excédant le taux du dernier ressort, d'après la loi du 28 mai 1838 qui devra servir de règle à cet égard.

Il pourrait arriver, en effet, su tout lorsque la propriété embrassera toute la largeur du terrain, que l'indemnité s'élevât à une somme assez considérable, et il ne serait pas juste de laisser au juge-de-paix le pouvoir de fixe cette indemnité sans aucun recours contre les erreurs de sa décision. Nous ne voyons en lui qu'un juge de $1^{re}$ instance, avec attribution sur une matière spéciale pouvant excéder 200 francs, comme dans les cas d'actions possessoires.

De ce que le juge de paix a la mission de régler l'in

demnité due au propriétaire qu'on veut déposséder, il n'en faudrait pas conclure qu'en cas de contestation élevée même incidemment à la demande en règlement d'indemnité sur la propriété du fonds que le préfet a déclaré faire partie du chemin, le juge-de-paix pût statuer sur l'incident; car il n'est qu'un juge d'exception; la loi nouvelle ne lui confère pas le pouvoir de juger une question de cette nature, et celle du 24 août 1790 lui interdit formellement de prononcer sur la propriété des immeubles. Le jugement de l'incident ne pourrait donc appartenir qu'aux tribunaux d'arrondissement.

Le second § de l'art. 15 porte que l'indemnité sera réglée à l'amiable ou par le juge-de-paix, sur le rapport d'experts nommés conformément à l'art. 17; or, cet art. 17 veut que les experts soient nommés, l'un par le sous-préfet, l'autre par le propriétaire, que le tiers expert soit nommé par le conseil de préfecture.

Faut-il conclure du rapprochement de ces deux dispositions qu'en cas de discord, le tiers expert sera nommé par le conseil de préfecture? nous ne le croyons pas; les expressions de l'art. 15 doivent être sainement entendues; elles signifient seulement que le propriétaire doit nommer un expert; le sous-préfet, un autre pour la commune, et qu'en cas de division entr'eux, il doit y en avoir un troisième; mais ce troisième doit être nommé par le juge-de-paix, parce qu'il est juge de l'action, et conséquemment des incidens, comme il doit l'être par le conseil de préfecture, dans le cas de l'art. 17, parce qu'alors ce conseil est juge du différend.

Nous allons plus loin; nous pensons qu'à défaut par les parties de nommer les deux experts principaux, ce serait au juge-de-paix de faire cette nomination, et que toute opération émanée d'experts choisis par une autre autorité serait nulle.

C'est le droit commun établi par le Code de procédure, art. 42, 302 et suivans, auquel il faut toujours se référer dans le silence des lois spéciales; c'est aussi dans ce sens que vient de prononcer le conseil-d'état. (Arr. cons., 30 décembre 1841.)

Du reste, il faut remarquer que la compétence du juge-de-paix est spéciale et limitée au règlement de l'indemnité due pour la portion de propriété dont les particuliers sont dépossédés; mais que l'indemnité des torts et dommages causés à la propriété, sans qu'il y ait dépossession, ne peut être liquidée que par les conseils de préfecture, aux termes de la loi du 28 pluviôse an 8. (Ar. cons., 15 juillet 1841.)

Une autre question, qui n'est pas sans importance, est celle de savoir si l'indemnité doit être préalable.

Il faut, à cet égard, distinguer.

Il est évident que, lorsque l'arrêté du préfet décide que le chemin a toujours été vicinal, avec telle direction et largeur, cet arrêté n'ordonne pas une dépossession, mais ne fait que prescrire le maintien de l'état des choses; que, par conséquent, l'indemnité ne peut être préalable à la dépossession, puisque, dans l'opinion du fonctionnaire, elle a déjà eu lieu depuis long-tems.

Lorsqu'au contraire, le préfet a prescrit une augmentation de largeur, il y a par cela même aveu de l'innovation, de la nécessité d'une nouvelle dépossession; par conséquent, il y a véritable expropriation pour cause d'utilité publique, et l'indemnité doit être préalable, aux termes de l'art. 9 de la Charte, dont la disposition est générale.

## ARTICLE XVI.

## TEXTE.

« Les travaux d'ouverture et de redressement des chemins vicinaux seront autorisés par arrêté du préfet.

» Lorsque, pour l'exécution du présent article, il y aura lieu de recourir à l'expropriation, le jury spécial, chargé de régler les indemnités, ne sera composé que de quatre jurés. Le tribunal d'arrondissement, en prononçant l'expropriation, désignera, pour présider et diriger le jury, l'un de ses membres, ou le juge de paix du canton. Ce magistrat aura voix délibérative en cas de partage.

» Le tribunal choisira sur la liste générale, prescrite par l'art. 29 de la loi du 7 juillet 1833, quatre personnes, pour former le jury spécial, et trois jurés supplémentaires. L'administration et la partie intéressée auront respectivement le droit d'exercer une récusation péremptoire.

» Le juge recevra les acquiescemens des parties.

» Son procès-verbal emportera translation définitive de propriété.

» Le recours en cassation, soit contre le jugement qui prononcera l'expropriation, soit contre la déclaration du jury qui réglera l'indemnité, n'aura lieu que dans les cas prévus, et selon les formes déterminées par la loi du 7 juillet 1833. »

## COMMENTAIRE.

Les dispositions de cet article seront rarement applicables aux chemins vicinaux ordinaires, vu le nombre exorbitant de ceux qui existent déjà.

Nous devons cependant entrer dans quelques explications nécessaires pour en faire comprendre toute la portée.

Il s'applique à des cas différens du précédent. Dans l'article 16, il s'agit d'ouverture et de redressement de chemins, par conséquent d'innovations qui exigent, en général, un plus grand sacrifice de la propriété que les cas sur lesquels il a été statué par l'art. 15.

Il ne faut pourtant pas se dissimuler que quelquefois le sacrifice sera moindre dans le, hypothèses réglées par le dernier article ; mais le législateur n'a pu faire reposer son système que sur une présomption générale et sur la nature des travaux à exécuter plutôt que sur leur valeur, à la différence de la loi précédente dont la base était mal établie et sujette à une foule d'inconvéniens.

Il faut aussi reconnaître que, parfois, le redressement d'un chemin se confondra avec l'augmentation de largeur ; que l'augmentation aura lieu pour arriver au redressement ; mais ces rares exceptions ne pouvaient empêcher d'admettre la règle générale que le bon sens et l'équité des administrateurs sauront bien appliquer à propos.

Avant de nous expliquer sur d'autres difficultés que peuvent faire naître les termes de la loi, nous devons transcrire le passage du rapport de M. Roy, qui en contient les motifs ; le voici :

« Les lois qui ont pour objet l'établissement, le redressement, l'entretien ou les réparations des chemins, ont, avec la propriété privée, des rapports nécessaires. Dans un intérêt qui est un intérêt public, il est souvent indispensable d'entreprendre sur cette propriété, par des faits ou par des actes à l'exercice desquels le droit de propriété apporterait obstacle, si la loi ne les avait pas autorisés, en conciliant ce qu'exigent les nécessités publiques avec ce qui est commandé par le respect dû, dans toutes les circonstances, au droit de propriété.

» C'est l'objet que s'est proposé la loi du 7 juillet 1833, sur les expropriations pour cause d'utilité publique.

» Mais les principales formes, déterminées par cette loi, ne sont point applicables au cas où l'expropriation est demandée dans un intérêt purement communal. La loi du 28 juillet 1824 et celles auxquelles elle n'a pas dérogé, étaient demeurées la règle à laquelle, dans ces cas, on devait continuer de se conformer.

» Celle du 9 ventose de l'an XIII chargeait l'administration publique de rechercher les anciennes limites des chemins vicinaux et d'en fixer la largeur.

» Le pouvoir de déclarer la vicinalité qui comprend celui de fixer l'emplacement, la direction et la largeur, a été aussi donné au préfet par la loi du 28 juillet 1824. »

» D'après le projet de loi, les arrêtés du préfet portant reconnaissance et fixation de la largeur d'un chemin vicinal, attribuent définitivement au chemin le sol compris dans les limites qu'ils déterminent. Le droit des propriétaires riverains se résout, dans ce cas, en une indemnité.

» Il ne résulte cependant pas de cette disposition que le propriétaire du sol ou d'une partie du sol, compris dans les limites fixées par l'arrêté du préfet, puisse être immédiatement dépossédé du terrain qui lui appartient, avant que l'indemnité qui lui est due ait été fixée et acquittée. »

» D'après la loi du 7 juillet 1833, tous grands travaux publics, routes royales, canaux, chemins de fer, canalisation de rivières, entrepris par l'état ou par compagnies particulières , ne peuvent être exécutés qu'en vertu d'une loi qui n'est rendue qu'après une enquête administrative.

» Une ordonnance royale suffit pour autoriser l'exécution des routes, des canaux et chemins de fer d'embranchement de moins de 20,000 mètres de longueur. Cette ordonnance royale doit être également précédée d'une enquête.

» Après que les formalités préparatoires ont été remplies, le tribunal prononcera l'expropriation, pour cause d'utilité publique, des terrains et bâtimens indiqués dans l'arrêté du préfet.

» L'indemnité est fixée par un jury spécial composé de douze jurés, dont la décision est déclarée exécutoire par le magistrat commis par le tribunal pour remplir les fonctions de directeur du jury.

» On conçoit que les formes doivent être moins solennelles et plus expéditives, lorsqu'il s'agit de chemins vicinaux.

» D'après le projet, les travaux d'ouverture et de redressement de ces chemins sont autorisés par arrêté du préfet.

» Le jury spécial, chargé de régler les indemnités, n'est composé que de quatre jurés. Le magistrat ou le juge de paix désigné pour présider et diriger le jury, a voix délibérative en cas de partage.

» Il reçoit les acquiescemens des parties; son procès-verbal emporte translation définitive de propriété.

» Les garanties assurées à la propriété par le projet de loi nous ont paru suffisantes.

» Il faut d'ailleurs ne pas perdre de vue, qu'aux termes de la loi du 7 juillet 1833, les indemnités réglées par le juge devront être acquittées entre les mains des ayant droit, préalablement à la prise de possession (charte, art. 9; Code civil, art. 545; loi du 7 juillet 1833, art. 53). »

Nous ferons remarquer, avant tout, que, dans l'art. 16 que nous expliquons, à la loi du 7 juillet 1833 doit être substituée celle du 3 mai 1841.

Nous ajouterons que les travaux relatifs aux chemins vicinaux de grande communication ne peuvent être considérés comme d'un intérêt purement communal. (Arrêts de la cour de cassation des 7 juin, 20 et 21 août 1838, 9 juillet 1839.)

Cela posé, l'arrêté du préfet qui ordonne l'ouverture ou le redressement des chemins (soit sur la délibération du conseil-général, lorsqu'il s'agit de grande vicinalité; soit sur délibération du conseil municipal, quand il n'est question que de petite), et en fixe l'emplacement et la largeur, est une déclaration d'utilité publique qui remplace, quant à ces chemins, la loi ou l'ordonnance exigées par la loi de 1841 pour les autres travaux d'utilité publique.

C'est le tribunal d'arrondissement qui est chargé de prononcer l'expropriation, et qui statue sur les questions de propriété qui pourraient s'élever.

Le nombre des membres composant le jury chargé de liquider l'indemnité est réduit à quatre. Le jury peut être dirigé par le juge-de-paix du canton.

D'ailleurs, les formes que doit suivre le tribunal pour rendre son jugement d'expropriation et celles qui doivent être observées par ce jury spécial composé de quatre membres seulement, sont celles déterminées par la loi du 3 mai 1841, avec les seules modifications qui peuvent résulter de la composition et de la direction du jury. Nous n'entrerons ici dans aucun développement, dans aucune explication de ces formes; mais ceux qui désireront s'en instruire complètement, ainsi que de tout ce qui tient à l'expropriation pour cause d'utilité publique, pourront consulter l'excellent ouvrage que M. Delalleau vient de publier sur cette matière; c'est la seconde édition d'un traité qui a placé cet auteur au premier rang des jurisconsultes de notre époque.

L'indemnité due aux propriétaires doit être payée avant toute prise de possession.

La dernière disposition de l'article n'existait ni dans le projet adopté par la chambre des députés, ni dans celui de la commission de la chambre des pairs; elle a été ajoutée sur la proposition de M. le comte Portalis, premier président de la cour de cassation, qui a surtout fait remarquer l'avantage immense qui en résulterait, de n'être pas obligé d'obtenir un arrêt préalable d'admission de la chambre des requêtes, et de pouvoir attaquer directement, devant la chambre civile, soit le jugement qui prononce l'expropriation, soit la décision du jury spécial qui liquide l'indemnité.

Cette nouvelle exception aux règles ordinaires de procéder à la cour de cassation, est empreinte d'une grande sagesse; elle tend à éviter bien des lenteurs et des frais dans une matière où, s'agissant de chemins utiles au public, la célérité et l'économie sont si nécessaires.

Il y a plusieurs autres matières qui exigeraient bien la même innovation, par exemple les saisies immobilières, les contraintes par corps, les droits de douanes, d'octrois, de contributions indirectes.

N'est-il pas déplorable qu'un malheureux soit dépouillé de ses immeubles, ou gémisse dans les prisons, pendant

les longues formalités du pourvoi, et qu'après avoir obtenu
à grands frais une cassation, le bénéfice de l'arrêt trop
tardivement rendu soit souvent nul pour lui?

N'est-il pas très-fâcheux que les droits du trésor soient
fraudés et sacrifiés pendant l'instance en cassation? N'est-
ce pas, en définitive, sur le contribuable honnête et sol-
vable que retombe la perte éprouvée par le fisc?

En supposant qu'il soit utile de maintenir, comme principe général, l'épreuve de la chambre des requêtes, il
faudrait au moins reconnaître franchement que, puisqu'il
n'y a pas de règle sans exception et que la nécessité d'en
admettre a déjà été deux fois reconnue, on ne doit point
s'arrêter dans cette voie d'amélioration, et qu'il faut
l'étendre notamment aux diverses matières ci-dessus indiquées.

L'art. 16, en simplifiant les formes, ne dispense pas
les communes et les préfets de l'observation de celles
exigées par le n. 3, art. 2, et par le titre 2 de la loi du
3 mai 1841, relative à l'expropriation pour cause d'utilité
publique.

Il remplace bien la loi ou l'ordonnance royale par l'arrêté du préfet, et déclare, en outre, que le jury ne sera
que de quatre membres et pourra être présidé par le juge de
paix; mais là se bornent les exceptions au droit commun;
rien n'indique l'intention de déroger à la disposition finale
de l'art. 2 de la loi de 1841, portant que l'arrêté du préfet contenant désignation des propriétés particulières auxquelles l'expropriation est applicable, ne peut recevoir son
exécution qu'après que les parties intéressées ont été mises
en état d'y fournir leurs contredits selon les règles expri-
mées au titre 2.

D'après ce titre 2 , il faut distinguer :

« S'il s'agit de chemins vicinaux de petite communication, on doit observer les formalités des art. 4, 5, 6, 7, 12 ;

» S'il s'agit des chemins vicinaux de grande communication, il faut observer les formalités prescrites par les art. 4, 5, 6, 7, 8, 9, 10 et 11 de la même loi. »

La jurisprudence de la cour de cassation a varié sur ce point. Un premier arrêt du 23 avril 1838 avait décidé que l'arrêté du préfet suffisait, et qu'aucune autre formalité ne devait précéder l'expropriation ; mais beaucoup de tribunaux ayant résisté à cette solution, et notamment le tribunal de Remiremont, dans l'affaire du sieur Demangeon, la cour devant laquelle nous avons défendu ce dernier ayant fait un nouvel examen de la question, est revenue à notre opinion par un arrêt de rejet en faveur de notre client, en date du 21 août 1838 et par deux autres arrêts semblables rendus le même jour.

L'art. 16 institue un petit jury qui a ses règles toutes spéciales.

Il faut absolument que les jurés soient au nombre de quatre pour prononcer. Ils ne doivent être ni plus ni moins nombreux, à peine de nullité. Ceux qui sont absens ou empêchés doivent être remplacés par les suppléans.

Remarquons bien que le juge de paix ou autre magistrat désigné n'est pas seulement chargé de diriger le jury comme dans les autres expropriations ; il est encore chargé de présider.

Cela veut-il dire qu'il aura le droit de voter avec les jurés dans tous les cas ? Il peut paraître étrange qu'un président faisant, à ce titre, nécessairement partie d'un corps, n'ait pas droit de voter comme tous ses membres. La rédaction de l'article n'est pas exempte de reproche sous un autre rapport. Pourquoi dire qu'il aura voix prépondérante en cas de partage, puisque les jurés doivent toujours être au nombre de quatre? Si les jurés avaient pu n'être que trois, on concevrait que le juge-de-paix, se réunissant à l'opinion de l'un d'eux, aurait établi égalité de voix, et qu'alors sa voix eût été déclarée prépondérante, comme dans le cas de l'art. 416 du Code civil; il fallait donc se borner à dire que le juge-de-paix voterait en cas de partage.

Nous ne pouvons admettre que le juge de paix délibère et vote dans tous les cas, même lorsqu'il y aura unanimité ou majorité dans le jury. Cela serait trop contraire à l'essence du jury, et, pour qu'une exception aussi étendue au droit commun pût avoir lieu, il faudrait qu'elle fût nettement exprimée dans la loi.

Ajoutons que, pour présider le jury, il doit se rendre avec lui dans la salle de ses délibérations, et diriger sa discussion, car il doit le présider jusqu'à la fin des opérations. On ne pourrait supposer qu'il ne doit y être appelé qu'en cas de partage, et qu'alors la discussion doit recommencer devant lui. Evidemment ses fonctions ne doivent pas être interrompues; mais, d'après le texte, il n'a voix délibérative qu'en cas de partage. Hors de ce cas, il n'a que la direction du jury. Tout cela, d'ailleurs, est assez singulier, et ne s'explique que par la spécialité de la matière. Un arrêt de la cour de cassation, du 23 juin 1840, a déclaré valable une délibération du jury à laquelle le juge de paix avait assisté, par le motif qu'il est président du jury, et que sa présence le met à même de donner son avis en pleine connaissance de cause pour le départager.

Le greffier ne pourrait valablement assister à la délibération, car il s'agit d'une exception qui ne s'étend pas jusqu'à lui.

Remarquons, en terminant sur cet article, qu'une circulaire du ministre de l'intérieur, du 17 décembre 1837, avait exigé l'accomplissement des formalités de la purge des hypothèques, pour les acquisitions de terrains destinés aux chemins vicinaux, ne dépassant pas 100 fr. ; mais qu'une autre, du 17 juillet 1838, en a dispensé.

ARTICLE 17.

## TEXTE.

« Les extractions de matériaux, les dépôts ou enlèvemens de terres, les occupations temporaires de terrains seront autorisés par arrêté du préfet, lequel désignera les lieux ; cet arrêté sera notifié aux parties intéressées, au moins dix jours avant que son exécution puisse être commencée.

» Si l'indemnité ne peut être fixée à l'amiable, elle sera réglée par le conseil de préfecture, sur le rapport d'experts nommés, l'un par le sous-préfet et l'autre par le propriétaire.

» En cas de discord, le tiers expert sera nommé par le conseil de préfecture.

## COMMENTAIRE.

Dans cet article, il ne s'agit pas d'expropriation, de dépossession absolue du fonds. Sa disposition ne parle que d'extraction de matériaux, de terres qui s'y trouvent, d'occupations temporaires de son sol, à l'effet d'y faire un lieu de dépôt de matériaux, d'outils, d'abri pour les hommes et les choses employés à l'exécution des travaux des chemins.

La loi nouvelle considère ces travaux comme travaux publics et leur applique la loi du 27 pluviôse an VIII, relative à la réparation des torts et dommages provenant des ouvrages de cette nature.

L'art. 17 peut faire naître plusieurs questions importantes que nous allons examiner. Cependant, l'instruction ministérielle du 24 juin 1836 ne contient, sur ce même article, que les seules observations suivantes :

« Ces dispositions ne sont que l'application aux travaux des chemins vicinaux, des règles prescrites dans les cas analogues pour les travaux des routes royales et départementales. Ces règles sont trop familières pour qu'il soit besoin de les retracer de nouveau.

» Si un réglement à l'amiable ne peut être obtenu, si les demandes qui vous sont faites sont évidemment exagérées, vous recourrez alors aux formalités prescrites par l'art. 17 de la loi ; vous désignerez, par un arrêté, les terrains qui devront, soit être fouillés pour extraction de matériaux, soit êt e occupés temporairement : vous ferez notifier cet arrêté par l'intermédiaire du maire, qui devra le faire signifier par son garde-champêtre : cet agent devra tirer un reçu de l'arrêté ou rédiger p ocès-verbal de la notification à lui faite. Vous provoquerez en même tems la nomination des experts dans la forme voulue. Vous ne perdrez pas de vue qu'il est indispensable qu'une première reconnaissance des terrains soit faite par les experts avant l'ouverture des travaux que vous ordonnerez : c'est la seule manière d'arriver à une équitable fixation de l'indemnité, lorsque ces travaux sont terminés. »

Une première question est celle de savoir si l'indemnité doit être payée au propriétaire avant l'exécution des travaux.

L'instruction ne décide pas nettement cette question, et semble toutefois supposer, par ses derniers termes ci-dessus transcrits, que l'indemnité ne doit être payée qu'après l'achèvement des travaux.

Mais l'art. 1<sup>er</sup> garde sur ce point le silence le plus absolu; l'art. 22 déclare n'abroger que les seules dispositions des lois antérieures incompatibles avec la nouvelle, et les lois antérieures par nous citées dans la 4<sup>e</sup> édition de notre *Traité des chemins*, p. 159, ne laissent aucun doute sur la solution.

Nous reproduirons spécialement le texte de l'art. 1<sup>er</sup>, sect. 6 de la loi du 6 octobre 1791, qui est ainsi conçu :

« Les agens de l'administration ne pourront fouiller dans un champ pour y chercher des pierres, de la terre ou du sable nécessaires à l'entretien des grandes routes ou autres ouvrages publics, qu'au préalable ils n'aient averti le propriétaire, et qu'il ne soit justement indemnisé à l'amiable ou à dire d'experts, conformément à l'art. 1<sup>er</sup> du présent décret. »

Les entrepreneurs des travaux relatifs aux chemins, et toutes autres personnes employées à ces travaux, ne peuvent donc prendre de matériaux dans la propriété des particuliers, ni user, d'une manière quelconque, de cette propriété, sans une désignation préalable par arrêté du préfet, ou, au moins, par les devis ou procès-verbaux d'adjudication notifiés dix jours à l'avance aux intéressés, pour qu'ils aient le tems de réclamer contre cette désignation, de s'entendre sur l'indemnité et de faire tous les préparatifs, de prendre toutes les précautions utiles ou nécessaires.

Il est d'autant plus évident que la désignation dans le devis où l'adjudication suffirait, sans qu'il fût absolument besoin d'un arrêté spécial du préfet, que, d'après l'instruction de juin 1836, ces devis et adjudications doivent être soumis à l'approbation de ce fonctionnaire.

Il est certain aussi que l'indemnité doit être préalable, à moins d'impossibilité absolue, de force majeure ; car *nulla est impossibilium obligatio*, à l'im ossible nul n'est tenu.

Un arrêt de la cour de cassation, du 7 juin 1838, rapporté par Villeneuve, 1838, t. 1er, p. 7 7, énonce dans ses motifs un principe contraire. Mais la question à juger n'était pas celle-là : il s'agissait uniquement de savoir si, lorsqu'un préfet avait rétabli la largeur d'un ancien chemin, le particulier, qui prétendait qu'elle avait été augmentée aux dépens de sa propriété, pouvait refuser d'abandonner le terrain, à moins d'indemnité préalable. Sa propriété n'était pas même reconnue ; la cour de cassation a décidé, avec raison, suivant nous, que l'arrêté du préfet devait s'exécuter provisoirement. Il en eût été autrement, si le préfet eût pris un arrêté pour augmenter la largeur aux dépens du riverain dont la propriété eût été avouée ; mais la question de l'extraction des matériaux n'avait que faire là.

Remarquons bien qu'aux termes de l'arrêt du conseil de 1755, toujours en vigueur, l'administration ne peut autoriser à prendre des matériaux dans les lieux clos.

Indépendamment des autorités citées dans notre *Traité des Chemins*, il existe deux arrêts du conseil, des 27 juin et 24 octobre 1834, rendus sur les pourvois de MM. de Latour-Maubourg et Tarbé des Sablons, qui ont formellement consacré ce principe.

L'art. 17 de la loi que nous examinons, gardant le silence sur ce point, il faut nécessairement s'en référer à cet ancien réglement.

Remarquons encore que, quoique cet article attribue au conseil de préfecture la liquidation de l'indemnité, il n'est néanmoins compétent que dans le cas où les formalités préalables, c'est-à-dire la désignation des terrains, la notification de l'arrêté et le paiement de l'indemnité, ont eu lieu.

A défaut d'accomplissement de ces conditions, il n'y aurait qu'attentat à la propriété, véritable délit qui pourrait être poursuivi devant les tribunaux ordinaires, soit par la voie correctionnelle, soit par la voie civile, si le propriétaire se bornait à de simples dommages-intérêts; c'est ce qui résulte de la jurisprudence du conseil-d'état lui-même, ainsi que nous l'avons établi dans notre *Traité des Chemins*.

La cour de cassation s'est prononcée dans le même sens par deux arrêts de la chambre criminelle du même jour, 16 avril 1836 (Villeneuve, 1836-1-687 et 688), et par un autre arrêt du 3 août 1837.

Le conseil-d'état a rendu, sous les dates des 14 octobre 1836 et 4 avril 1837, deux décisions qui supposent le même principe, et une troisième, le 4 septembre 1841, qui le consacre expressément.

Nous ferons, d'ailleurs, observer que, s'il existait une autorisation ou désignation et que le débat roulât sur l'interprétation de l'acte administratif, sur le point de savoir si l'entrepreneur des travaux est sorti des limites à lui tracées et a rempli les conditions à lui imposées, le conseil de

préfecture serait seul compétent pour statuer sur ces points
divers. (*Voy.* les arrêts du conseil déjà cités.) Cependant, nous pensons que les tribunaux seraient compétens,
à l'exclusion du conseil de préfecture, si l'arrêté du préfet
ou tout autre acte de l'administration avait indiqué un endroit *fermé*. La loi exceptant formellement de l'exercice de
la servitude les lieux ou propriétés fermés, et les actes administratifs ne pouvant créer des servitudes, la mesure de
l'administration serait un attentat au droit sacré de propriété
que les tribunaux devraient réprimer, sans s'arrêter à l'acte
qui la prescrirait et qui devrait être considéré comme non
avenu, pa ce qu'il sortirait des attributions administratives.

Et s'il y avait contestation sur le point de savoir s'il y a ou
non clôture, le tribunal n'en serai  pas moins compétent
pour statuer sur cet incident comme sur le fond ; mais s'il
reconnaissait qu'il n'y a pas clôtu e, il devrait, bien entendu,
renvoyer devant le conseil de préfecture.

Si, au lieu d'une occupation temporaire du terrain, une
occupation perpétuelle devenait nécessaire, ou si l'extraction des matériaux était si fréquente et si abondante que
l'administration jugeât elle-même indispensable d'exproprier les propriétaires, suffirait-il d'observer les formes de
l'art. 16, ou bien faudrait-il recourir à toutes celles de la
loi de 1841 ?

L'art. 16 parle des travaux d'ouverture et de redressement des chemins ; ne pourrait-on pas dire que sa disposition ne s'applique qu'au terrain pris ou occupé pour former
le sol même de la voie publique ?

Mais on peut répondre avec beaucoup de raison par la
généralité des termes. Les travaux d'ouverture et de redressement comprennent non-seulement le terrain nécessaire

pour former le passage, mais encore celui où l'on doit prendre les matériaux indispensables pour la confection des travaux. Au surplus, les art. 10 à 22 de la loi de 1836 régissent également les chemins de petite et de grande vicinalité.

ARTICLE XVIII.

## TEXTE.

« L'action en indemnité des propriétaires pour les terrains qui auront servi à la confection des chemins vicinaux et pour extraction de matériaux, sera prescrite par le laps de deux ans. »

## COMMENTAIRE.

Cet article est une grave innovation aux règles ordinaires de la prescription.

L'instruction du mois de juin 1836 ne contient sur sa disposition que les seules réflexions suivantes :

« Vous comprenez, monsieur le préfet, toute l'utilité et toute la nécessité de cette disposition.

» Il arrivait souvent, en effet, qu'un propriétaire consentait, soit à l'abandon gratuit des terrains nécessaires à l'élargissement d'un chemin, soit à l'extraction sans indemnité des matériaux nécessaires aux travaux. Ces cessions étaient presque toujours verbales, afin d'éviter des formalités et des frais. L'administration faisait travailler avec confiance, et cependant, plusieurs années après, elle pouvait se trouver exposée à des répétitions, soit que le propriétaire eût changé de manière de voir, soit même que ses héritiers vinssent constater la légalité d'une occupation faite sans titre.

» L'administration se trouvera désormais à l'abri de ces exigences tardives, puisqu'elle pourra opposer la prescription après un délai de deux ans, en cas d'occupation de terrain, en vertu d'un consentement verbal du propriétaire. »

L'article que nous examinons ne dit pas positivement de quelle époque courra le délai des deux années opérant prescription. Sera-ce de l'arrêté du préfet qui aura déclaré la vicinalité, ordonné l'élargissement, le redressement ou l'ouverture, désigné les lieux à occuper pour extraction de matériaux, etc.? Sera-ce de la notification de l'arrêté ou seulement, soit de la dépossession, soit du jour où auront été terminées l'extraction des matériaux, l'occupation temporaire?

En règle générale, pour prescrire un droit contre un propriétaire, il faut posséder la chose. Ce n'est donc que du jour de sa dépossession, de l'extraction de ses matériaux, de l'occupation de son terrain, que doit courir le délai. L'indemnité devant être préalable, il faut reconnaître qu'après deux ans de faits aussi patens, aussi positifs, il y a forte présomption qu'il a été satisfait, ou qu'il a consenti à faire à la commune l'abandon de ses droits. La loi suppose bien cette solution, puisqu'elle parle d'action en indemnité pour les terrains qui auront servi à la confection des travaux, etc.

Mais il peut arriver qu'un arrêté de préfet n'ordonne ni une ouverture, ni un élargissement, ni un redressement; qu'il contienne seulement reconnaissance et déclaration d'une vicinalité ancienne qu'il fera remonter à cinquante ans ou même au delà. Il peut se faire qu'une dépossession ou extraction de matériaux aient lieu sans autorisation préalable du préfet. L'art. 18 sera-t-il applicable à ces espèces? Nous ne le croyons pas. L'art. 18 est une exception au droit commun. Ce n'est que lorsqu'un terrain est pris ou fouillé pour un chemin régulièrement classé et dans les formes légales, qu'elle doit être appliquée.

La loi n'ayant pas d'effet rétroactif, la prescription qu'elle introduit ne pourra s'appliquer aux vicinalités anciennes que deux ans après sa promulgation. Ainsi, avant cette loi, l'action en indemnité n'était prescriptible que par trente ans, depuis la dépossession. Ceux qui n'ont été dépossédés que vingt-huit ans avant la loi, ont pu réclamer dans les deux ans de sa publication.

Nous ferons remarquer que bien que l'art. 18 ne parle que des propriétaires, les locataires ou fermiers qui peuvent aussi avoir à réclamer, ne fût-ce que pour occupation temporaire et dépôts de matériaux sur leur terrain, sont également soumis à la prescription de deux ans, parce qu'alors ils représentent les propriétaires, aux droits desquels ils se trouvent en vertu de baux.

Comme nous l'avons vu, les termes de l'art. 18 sont généraux et restreignent à deux ans l'exercice de l'action en indemnité à raison des terrains occupés pour la confection des chemins, sans distinguer si cette occupation a eu lieu d'après un consentement verbal ou d'après une convention écrite. Ils enveloppent dans la même exception les cas d'élargissement et ceux de création ou de redressement de chemins, d'extraction ou dépôts de matériaux.

C'est une fort grave question que celle de savoir si, comme le pense le ministre de l'intérieur, la disposition que nous examinons doit être restreinte au cas de consentement tacite ou verbal , ou doit être étendue à tous les cas sans exception. Cependant , nous partageons l'opinion émise dans l'instruction.

Il est certain, que lorsque, sur le refus d'un propriétaire de s'entendre avec la commune sur la cession des terrains nécessaires à la création ou redressement des chemins, il aura fallu recourir à l'expropriation , et que le jury aura liquidé l'indemnité , le droit résultant de cette décision , qui a tous les caractères d'un jugement , sera prescriptible non par deux, mais par trente ans ;

Qu'il en sera de même pour le cas d'une vente de terrains moyennant un prix déterminé ou d'un consentement écrit , à ce que les terrains soient pris ou fouillés , à la condition d'une indemnité qui sera ultérieurement fixée.

Car alors il est constaté que le propriétaire n'a pas voulu abandonner gratuitement son terrain , il s'est réservé son droit à l'indemnité. La convention expresse fait son titre.

La loi ne parle que d'une action en indemnité, c'est-à-dire pour en faire reconnaître le droit ; mais dans les hypothèses par nous présentées , il ne s'agit plus de faire constater le droit à l'indemnité ; il n'est plus question que de la faire payer ; et la poursuite à fin de paiement , dure trente années. Le droit commun, attesté par l'art. 2262 , conserve alors tout son empire.

Nous avons cité , sous l'article précédent , un arrêt de la chambre criminelle de la cour de cassation du 7 juin 1838 , qui décide qu'un préfet peut prescrire l'élargissement d'un ancien chemin ; que son arrêté attribue à la commune la propriété de la portion de terrain prise pour élargir la voie publique ; de cet arrêt, il parait aussi résulter que, dans aucun cas, l'indemnité ne doit être préalable , c'est-à-dire , soit qu'il s'agisse d'élargissement, de création de chemins ou d'extraction de matériaux, parce que l'art. 1er est général, absolu, et met tous ces faits sur la même ligne.

Mais il est évident que cet arrêt, si telle est son intention, ce qui n'est point très-clair, repose sur une grande erreur.

Aux termes de la charte constitutionnelle, nul ne peut être privé de sa propriété que pour cause d'utilité publique, moyennant une juste et préalable indemnité. La loi du 21 mai 1836 n'aurait pu renverser la charte, et, dans le fait, elle ne dit rien de contraire; elle renvoie même, pour les cas d'expropriation, à celle du 7 juillet 1833, qui exige toujours une indemnité préalable. Si l'art. 18 de la loi du 21 mai 1836 limite à deux ans, à partir des travaux, l'exercice de l'action en indemnité, ce n'est pas par le motif que ces travaux doivent être exécutés préalablement, mais parce qu'il peut arriver que, soit par négligence des formes, soit par consentement des propriétaires, l'exécution précède le paiement.

Du reste, l'espèce de l'arrêt du 7 juin ne donnait pas nécessairement lieu à l'examen et à la solution de ces questions. La décision est bonne pour le cas où elle a statué ; les motifs seuls sont trop larges. Dès que le préfet avait prétendu rétablir une largeur ancienne et réprimer un empiètement sur la voie publique, le particulier réclamant n'était pas fondé à demander une indemnité préalable pour une propriété qui n'était pas reconnue, et pour une portion de terrain qu'on soutenait, au contraire, avoir toujours fait partie de la voie publique.

## TEXTE.

« En cas de changement de direction ou d'abandon d'un chemin vicinal en tout ou partie, les propriétaires riverains de la partie de ce chemin qui cessera de servir de voie de communication, pourront faire leur soumission de s'en rendre acquéreurs et d'en payer la valeur qui sera fixée par des experts nommés dans la forme déterminée par l'art. 17. »

## COMMENTAIRE.

L'instruction ministérielle du mois de juin 1836 contient sur cet article les observations suivantes :

« Cette disposition nouvelle est fondée en droit comme en équité ; déjà, elle avait été introduite dans la loi du 20 mai 1836, art. 4. Lorsqu'un chemin est bordé des deux côtés par une propriété privée, et que ce chemin vient à être abandonné, on conçoit tout ce qu'il y a de fâcheux à ce qu'un tiers puisse l'acheter et venir s'établir ainsi au centre d'une propriété. Cet inconvénient cesse par le droit que donne la loi au propriétaire d'acquérir ce terrain, d'après une valeur qui sera réglée par experts ; si le chemin est bordé sur les deux rives par des propriétaires différens, ils devront s'entendre entre eux pour l'usage de cette faculté, soit que l'un d'eux l'exerce en totalité, soit que le terrain abandonné soit partagé entre eux. Vous comprenez, d'ailleurs, qu'il ne s'agit dans cet article que de chemins qui n'auraient pas été déclarés vicinaux, ou dont la déclaration de vicinalité aurait été régulièrement rapportée, et dont la suppression définitive aurait été reconnue sans inconvénient pour les communications. Il va sans dire que la valeur de ces terrains doit être versée dans les caisses communales, à titre de recette accidentelle. »

Cette disposition est de toute justice. Il y a long-tems que nos hommes d'état songeaient à l'introduire dans notre législation. Le second projet du Code rural contenait, sur le même objet, les deux articles suivans :

« Art. 384. Les propriétaires riverains d'un chemin supprimé pourront se prévaloir du terrain qu'il occupait, chacun pour une moitié, dans la longueur de leurs propriétés respectives, à la charge d'en payer la valeur à la commune. Cette valeur sera fixée proportionnellement aux deux tiers de la valeur des terrains contigus, calculée sur le pied de vingt capitaux pour un du revenu porté en la matrice du rôle de la contribution foncière.

» Art. 385. Chaque propriétaire riverain qui veut s'emparer d'un chemin supprimé, pour la part qui le concerne, doit en prendre possession et en payer la valeur dans l'année de la suppression ; faute de quoi, et après un nouveau délai de trois mois, l'autre riverain, qui s'était prévalu de sa portion dudit chemin, pourra se prévaloir aussi de la portion restant vis-à-vis de sa propriété, à la charge d'en payer de suite la valeur. »

A la différence du projet de Code rural, la loi nouvelle se contente de poser le principe qui consacre, en faveur des riverains, le droit d'acquérir le terrain du chemin supprimé, ce qui comprend les murs, arbres, haies, ponts qui s'y trouveraient ; elle ne fixe aucun délai et n'entre dans aucun détail d'exécution, parce que ces objets accessoires ne trouvent pas très-naturellement leur place dans une loi. L'art. 18, sur la nécessité d'agir dans les deux ans, est ici sans application. L'art. 19 comprend également le cas de simple réduction de largeur d'un chemin. Si donc un chemin d'une largeur de vingt-quatre pieds était réduit à douze, les riverains des deux côtés opposés pourraient demander à acquérir chacun une largeur de six pieds. C'est là l'esprit de la loi ; le texte n'y est pas contraire, puisqu'il parle de changement de direction ou d'abandon en tout ou en partie. L'instruction ministérielle qui semble contrarier cette solution doit donc être en ce point écartée ; car, si un particulier voisin d'un chemin peut réclamer la totalité de son sol, il peut, à plus forte raison, demander la partie en longueur ou largeur qui en a été retranchée, afin d'être toujours riverain de la voie publique, et de n'être pas masqué par un tiers qui viendrait s'établir entre le chemin et lui : cette opinion peut s'étayer encore de la loi du 23 messidor an v, qui ordonne la suppression des chemins inutiles, pour en rendre le terrain à l'agriculture : le moins est renfermé dans le plus.

Voici d'ailleurs comment M. le comte Roy a justifié, dans son rapport, la disposition de l'art. 19.

« Il nous a semblé qu'il suffisait d'énoncer cette disposition pour en faire sentir la justice.

» Le motif d'utilité publique a imposé, dans le principe, à un propriétaire la nécessité de souffrir l'établissement d'un chemin sur un terrain qui lui appartenait. Lorsque le même motif n'en exige pas la conservation, et que le chemin est supprimé, la loi doit donner au propriétaire de ce terrain la faculté d'en reprendre la propriété par préférence à tout autre, en en payant la valeur. Il ne serait pas tolérable que, par la suppression du chemin, des étrangers

passent venir s'établir au milieu de sa propriété, et quelquefois même au milieu de sa cour.

» La disposition que nous vous proposons est imitée de
l'art. 60 de la loi du 7 juillet 1833, d'après laquelle : « si
des terrains, acquis pour des travaux d'utilité publique ne
reçoivent pas cette destination, les anciens propriétaires ou
ayant-droit peuvent en demander la remise. »

La loi parle d'un changement de direction ou d'un abandon d'un chemin, comme donnant ouverture au droit d'acquisition de son terrain. Supposons que l'abandon n'ait
lieu que pour en transformer une partie en place publique
fermée à ses extrémités, ou pour y bâtir un édifice : par
exemple, une église, un hôtel de mairie, un hôpital, une
prison. Les riverains pourront-ils empêcher cette innovation, ce changement de destination?

Nous ne le croyons pas. D'abord, il est certain que, lors
même que le terrain aurait de tout tems appartenu à des
particuliers, la commune pourrait en obtenir la cession
forcée pour cause d'utilité publique, à l'effet de l'employer
aux usages ci-dessus indiqués ; nous avouons que cette raison ne résoudrait pas entièrement la difficulté, parce qu'a
la rigueur on pourrait dire que les riverains n'en redevien-
draient pas moins propriétaires, sauf à la commune à les
exproprier et à payer une indemnité ; mais cependant elle
avance la solution.

Ensuite, la loi suppose, à notre avis, que la commune
n'a plus besoin du terrain du chemin pour aucun usage public, qu'elle veut le vendre à des particuliers ; la loi a seulement voulu que la commune accordât la préférence aux voisins, et empêcher que des étrangers vinssent s'établir au
milieu de la propriété de ces riverains.

Du reste, si la commune, par ses innovations, ses constructions, porte préjudice aux riverains, en les privant des jours, des sorties dont ils jouissaient antérieurement, elle doit leur payer une indemnité, ainsi que nous l'avons dit dans notre *Traité des Chemins*, page 3 8 et suivantes.

Cette interprétation résulte, en outre, du rapport de M. Vatout, dans la séance du 11 mai 1836.

On y lit : « L'intérêt de la propriété se trouve respecté dans un article nouveau que la chambre des pairs a introduit dans la loi ; c'est l'art. 19, qui attribue aux propriétaires riverains la préférence pour se rendre acquéreurs des chemins abandonnés. Le mode de règlement de ces soumissions rentre dans les prévisions administratives de l'art. 14. Il devra être établi de manière à concilier toujours l'intérêt public avec les intérêts privés, et veiller avec le plus grand soin à ce que les riverains ne soient ni enclavés, ni privés, au moins sans indemnité, des droits de communication dont ils jouissaient. »

Il va sans dire que la commune ne pourrait contraindre le riverain du chemin supprimé à en acheter le terrain. C'est une faculté que la loi donne à ce dernier d'acheter ou de ne pas acquérir, et dont il peut ou non user à son gré ; cette faculté n'est pas réciproque.

Mais le riverain peut-il contraindre la commune à lui vendre le terrain du chemin supprimé ?

Une instruction du ministre de l'intérieur aux préfets, en date du 26 mars 1838, répondant à des questions adressées par ces fonctionnaires, énonce évidemment la négative.

Les préfets avaient demandé si, dans le cas de l'application de l'art. 19 de la loi du 21 mai 1836, la vente des portions de terrain retranchées de la vicinalité comme inutiles devait, quand la valeur excédait 3,000 francs, être autorisée par ordonnance royale, ou s'il suffisait, dans tous les cas, d'un simple arrêté de préfet, comme pour les acquisitions des terrains nécessaires à la confection des chemins.

Le ministre décide avec raison qu'il n'y a pas d'analogie entre l'acquisition et la vente, et que, pour celle-ci, un arrêté du préfet suffit jusqu'à la valeur de 3,000 francs, mais qu'une ordonnance royale est nécessaire au delà.

Et, en se livrant aux développemens des motifs de cette solution, le ministre s'exprime ainsi : « De ce que ce sol a été dépouillé du caractère de chemin vicinal, il ne s'ensuit pas nécessairement qu'il doive être vendu, et ce serait donner à l'art. 19 de la loi une signification trop étendue, que de l'entendre ainsi. Sans doute, si la commune vend ce sol, les propriétaires riverains tiennent de la loi un droit de préférence ; mais c'est un droit de préférence seulement. Ils ne pourraient contraindre la commune à vendre ; celle-ci peut garder les terrains, si elle croit pouvoir en faire un usage plus avantageux. Tout ce qui lui est prescrit, c'est de donner la préférence aux propriétaires riverains, si elle vend.

» Lors donc qu'un chemin a été déclassé, c'est-à-dire a perdu le caractère de vicinalité, il reste à examiner s'il est plus avantageux à la commune de vendre le sol de cet ancien chemin que de le conserver, et il ne faut pas perdre de vue que ce sol n'est plus un chemin : par l'effet du déclassement, il est devenu un terrain vague, une propriété communale de même nature que les autres. Dès-lors, on ne peut s'empêcher d'appliquer à l'aliénation de ces ter-

rains les mêmes règles qui régissent l'aliénation des propriétés communales. »

Telle est la doctrine ministérielle. Nous ne pouvons
l'admettre entièrement ; elle nous paraît consacrer une
restri tion qui n'est ni dans les termes ni dans l'esprit de la
loi.

S'il fallait absolument le concours des deux volontés,
sans que les particuliers pussent contraindre la commune
à leur vendre, la loi serait parfaitement inutile ; elle n'eût
rien ajouté au droit commun. Une aliénation peut toujours
avoir lieu, quand une commune et un particulier s'entendent ; il n'y a plus alors qu'à observer les formalités prescrites pour la validité de la mutation.

Si donc une commune, par pur esprit de tracasserie et
sans retirer aucun avantage public d'un terrain de chemin supprimé, refusait de vendre, l'administration supérieure devrait l'y contraindre. Les particuliers pourraient
même s'adresser aux tribunaux pour exercer leur droit.

La raison en est que ces particuliers sont censés avoir
fourni le terrain ayant servi au chemin ; que, dès que l'utilité publique en vertu de laquelle on les a forcés à le céder
vient à cesser, ils ont droit de rentrer dans leur propriété.

Mais aussi nous croyons, comme nous l'avons déjà dit,
que, si le terrain du chemin supprimé était réellement utile
à la commune pour y faire un établissement à l'usage du
public, les particuliers ne pourraient la contraindre à
vendre.

Nous parlons d'une utilité publique bien réelle ; car, si
ce n'était qu'un prétexte pour éluder l'art. 19, l'administration supérieure devrait déjouer ces calculs de la passion et
obliger à l'aliénation.

Du reste, l'instruction de 1836 fait erreur, quand elle dit qu'une disposition analogue à l'art. 19 existait déjà dans la loi de la veille (20 mai 1836). Cette loi, art. 4, autorise seulement à céder les portions de terrains dépendans d'anciennes routes ou chemins, et devenues inutiles par suite de changemens de tracé ou d'ouverture d'une route royale ou départementale, sur une estimation contradictoire, à titre d'échange et par voie de compensation de prix, aux propriétaires des terrains sur lesquels les parties de routes neuves devront être exécutées; or, d'après l'art. 19, c'est, en général, aux riverains auxquels on n'a rien pris que la cession doit être faite, et non à titre d'échange.

Comme nous l'avons déjà dit, il n'y a pas de délai de rigueur pour exercer l'action en reprise du terrain : celui fixé par l'art. 61 de la loi du 7 juillet 1833 n'est pas reproduit dans la loi du 21 mai et est inapplicable à la matière spéciale des chemins vicinaux.

Remarquons aussi que le conseil de préfecture ne sera pas compétent pour liquider l'indemnité du terrain repris par les riverains. En effet, l'art. 19 ne lui confère pas cette attribution, et l'on ne pourrait objecter qu'il la suppose, qu'il prescrit une expertise dans les formes de l'art. 17 : que, d'après cet article, le conseil de préfecture doit fixer l'indemnité, pour extraction de matériaux et occupation temporaire de terrains, sur un rapport d'experts nommés, l'un par le sous-préfet, l'autre par le propriétaire, et le troisième par ce conseil; que celui qui a droit de nommer les experts est également compétent pour apprécier le travail; car, d'une part, l'art. 19 ne renvoie à l'art. 17 que pour la nomination d'experts, et, de l'autre, l'art. 15, qui confère au juge-de-paix le pouvoir de liquider l'indemnité due à raison d'un terrain pris pour l'élargissement d'un chemin, prescrit une expertise semblable; et nous avons vu que le conseil de préfecture n'avait pas le droit de nommer les experts ni le tiers expert.

Il eût été à désirer que l'art. 19 se référât à l'art. 15, et conférât au juge-de-paix le pouvoir de liquider l'indemnité, sur un rapport d'experts. Mais il ne l'a pas fait ; il est resté dans le droit commun. L'art. 20, 2ᵉ §, nous confirme dans cette opinion.

A la vérité, l'art. 19 semble laisser la décision aux experts mêmes; il ne voit qu'un contrat qui sera fait au prix *fixé* par les experts.

Mais qui décidera si la commune doit être forcée de vendre, qui nommera les experts, qui appréciera l'expertise, statuera sur sa validité? La loi garde sur tous ces points le plus complet silence.

Ce sont donc, à notre avis, les tribunaux de première instance qui doivent procéder à la liquidation, sans être, d'ailleurs, liés par l'expertise qui, en cette matière, et pour ce cas comme pour tous les autres, n'est qu'un simple avis destiné à éclairer les juges.

Il n'y a pas lieu d'appliquer les formes de l'expropriation ni l'intervention du jury.

ARTICLE XX.

TEXTE.

« Les plans, procès-verbaux, certificats, significations, jugemens, contrats, marchés, adjudication de travaux, quittances et autres actes ayant pour objet exclusif la construction, l'entretien et la réparation des chemins vicinaux, seront enregistrés, moyennant le droit fixe de 1 franc.

» Les actions civiles intentées par les communes ou dirigées contre elles, relativement à leurs chemins, seront jugées comme affaires sommaires et urgentes, conformément à l'art. 405 du Code de procédure civile. »

## COMMENTAIRE.

L'instruction de 1836 contient, sur cet article, les observations suivantes :

« Les communes se trouvent déchargées, par le 1er § de cet article, du paiement des droits d'enregistrement qui pouvaient quelquefois s'élever à des sommes considérables. Pour leur assurer la jouissance du privilége qui leur est accordé, il est indispensable que tous les actes pour lesquels l'enregistrement au droit fixe de 1 franc sera réclamé contiennent la mention expresse qu'ils sont faits en vue de la construction, de la réparation ou de l'entretien des chemins vicinaux.

» Vous devrez donner des instructions en ce sens aux maires, et vous conformer vous même à ces dispositions en ce qui concernera les chemins vicinaux de grande communication.

» Quant au second § de l'art. 19, c'est à l'autorité judiciaire à l'appliquer. Je n'ai donc rien à vous en dire. »

Nous concevons bien que les jugemens qui prononceront l'expropriation, et les décisions du jury qui liquideront l'indemnité, ne seront, aux termes de l'article ci-dessus transcrit, soumis qu'au droit fixe de 1 fra c, parce qu'ils se rattachent à la construction des chemins, et qu'il en sera de même de tous autres actes ayant cet objet.

Mais nous ne croyons pas que les instances relatives aux questions de propriété ou d'indemnité résultant, par exemple, de privations de jours, de sortie, par suite de travaux ou de toute servitude nouvelle, de toute diminution de valeur, puissent jouir de la même modération des droits du fisc. Nous croyons, au contraire, que l'exception ne s'étend pas jusqu'à ces instances qui restent soumises aux règles ordinaires de perception. L'article est conçu en termes limitatifs. Il ne comprend dans sa faveur que les actes ayant pour objet exclusif la construction, etc.

Voyez, d'ailleurs, les dispositions du tit. vi de la loi du 3 mai 1841 qui sont applicables aux chemins vicinaux.

Le dernier § est fondé sur la nécessité, que nous avons déjà signalée, d'adopter, pour les contestations en cette matière, une procédure simple, rapide et peu coûteuse.

Toutes les actions civiles, même celles relatives à la propriété du terrain, des arbres, fossés, à des servitudes, intentées pour ou contre les communes, doivent être jugées sommairement, c'est-à-dire avec la célérité et l'économie déterminées par le Code de procédure civile pour la décision des affaires sommaires.

ARTICLE XXI.

TEXTE.

« Dans l'année qui suivra la promulgation de la présente loi, chaque préfet fera, pour en assurer l'exécution, un réglement qui sera communiqué au conseil-général et transmis, avec ses observations, au ministre de l'intérieur, pour être approuvé, s'il y a lieu.

« Ce réglement fixera dans chaque département le *maxi-*

*mum* de la largeur des chemins vicinaux; il fixera, en outre, les délais nécessaires à l'exécution de chaque mesure :
les époques auxquelles les prestations en nature devront
être faites; le mode de leur emploi ou de leur conversion
en tâches, et statuera en même tems sur tout ce qui est
relatif à la confection des rôles, à la comptabilité, aux adjudications et à leur forme, aux alignemens, aux autorisations de construire le long des chemins, à l'écoulement des
eaux, aux plantations, à l'élagage, aux fossés, à leur curage, et à tous autres détails de surveillance et de conservation. »

## COMMENTAIRE.

Cet article est le complément nécessaire de la loi. Il permet d'assurer et d'augmenter les améliorations qu'elle ap-
porte à l'état de choses antérieur ; elle devait se borner à
poser les principes généraux, et laisser à l'administration
départementale le soin de régler les détails d'exécution qui
varient suivant les besoins, la nature et les habitudes des
diverses contrées de la France.

Il est bien entendu que le réglement a pour but l'exécution de la loi, et ne peut renfermer aucune mesure contraire à ses dispositions ni aux autres lois encore en vigueur.

Le délai fixé pour la confection du réglement n'est pas
de rigueur : ce n'est qu'une excitation à la célérité : mais
il est des départemens où la multiplicité des embarras et
des difficultés aura forcé les préfets de prendre un plus long
délai.

Les anciens réglemens restent en vigueur jusqu'à la confection du nouveau. ( Arrêt de la cour de cassation du 22 juillet 1837. )

Après la confection du réglement, le préfet ne peut y déroger de son autorité privée. Il est obligé, s'il croit que des modifications soient nécessaires, de remplir les mêmes formalités que pour le premier réglement. ( Arr. cass., 15 et 27 décembre 1838, 8 août 1840. )

Parmi les matières sur lesquelles la loi donne aux préfets l'initiative pour la rédaction du réglement, il en est un certain nombre à l'égard desquelles la diversité des localités est évidemment sans influence. Ce sont : 1° la confection des rôles ; 2° la comptabilité ; 3° les adjudications et leurs formes ; 4° les alignemens et autorisations de construire. Le dernier de ces objets n'est que l'application de principes généraux dont l'administration ne saurait s'écarter ; les trois autres doivent être soumis à des règles uniformes, afin d'assurer l'établissement de comptes réguliers, et de permettre à l'autorité centrale d'exercer le droit de surveillance que la loi n'a pas voulu lui enlever.

Nous ne nous occuperons pas ici de ce qui tient à la confection des rôles, à la comptabilité , aux adjudications et à leurs formes : ces objets divers sont plus du domaine de l'administration pratique que du jurisconsulte. On trouvera, dans l'instruction ministérielle de 1836, quelques explications propres à guider les fonctionnaires chargés de l'exécution de la loi. Nous n'avons rien à y ajouter.

Avant la loi actuelle, on pouvait construire le long des chemins vicinaux, y planter des arbres ou haies, y établir des fossés, sans être soumis à obtenir préalablement alignement ou permission, ni à observer aucune distance. Il n'y avait exception à cette règle que pour le cas où il existait

des réglemens anciens ou nouveaux contenant des dispositions précises, restrictives de cette faculté. Nous avions,
dans notre *Traité des Chemins*, signalé les inconvéniens de
cet état de choses, et pensé qu'il était nécessaire que M. le
ministre de l'intérieur engageât les maires à prendre des
arrêtés pour interdire au moins les constructions et plantations sans autorisation préalable, afin que l'administration
locale pût empêcher les usurpations.

L'art. 21 de la nouvelle loi répond a cet appel et pourvoit amplement à cette nécessité. Le réglement imposé au
préfet doit statuer sur les alignemens, les autorisations de
construire le long des chemins, l'écoulement des eaux, les
plantations, l'élagage, les fossés, leur curage, et sur tous
autres détails de surveillance et de conservation.

Aussi, dans sa circulaire du mois de juin 1836, le ministre de l'intérieur charge-t-il les préfets d'inviter les maires
à prendre et à faire publier, dans leurs communes, des arrêtés portant défenses de bâtir sur le bord des chemins,
même des rues des bourgs ou villages, sans autorisation
préalable.

Les préfets et les maires, dans les arrêtés qu'ils pren-
dront à cet égard, feront bien de se rapprocher autant que
possible des principes qui régissent la voirie urbaine, ou la
grande voirie. Le droit donné à l'autorité de régler les alignemens, l'obligation imposée aux riverains de demander
alignement avant de commencer leurs constructions, sont
fondés sur la nécessité de surveiller la conservation du sol
qui a été légalement affecté à la voie publique. Il s'ensuit
que lorsque la largeur de cette voie publique a été régulièrement fixée, chaque propriétaire a droit de construire
sur l'extrême limite de sa propriété: à la vérité, il n'en

doit pas moins demander alignement, afin que l'autorité puisse reconnaître cette limite et la tracer; mais elle ne pourrait lui prescrire de reculer sa construction au delà de la largeur légale du chemin. Il y aurait exception, si, entre le chemin et la propriété privée, le terrain appartenait à la commune. Dans ce cas, le propriétaire ne pourrait recevoir autorisation de bâtir le long de la limite légale, qu'en devenant, dans les formes prescrites, acquéreur de cette portion du sol; de même, si, pour rendre au sol sa largeur légale, un propriétaire était tenu de reculer, il aurait droit d'exiger indemnité pour la valeur du terrain qu'il céderait au chemin.

Pour les chemins vicinaux, les préfets peuvent laisser aux maires le droit de donner des alignemens, sous la réserve de l'approbation du sous-préfet, qui examinera si la largeur légale du chemin a été respectée.

Pour les chemins vicinaux de grande communication, qui sont placés sous l'autorité immédiate des préfets, ceux-ci feront bien de donner eux-mêmes les alignemens, sur la proposition des maires, le rapport de l'agent voyer et l'avis du sous-préfet.

Le droit des préfets de donner des alignemens sur les chemins vicinaux de grande communication, s'étend même aux traverses, c'est-à-dire aux rues et places de l'intérieur des villes, bourgs ou villages qui en font la continuation, ainsi que cela résulte d'un avis du conseil-d'état du 25 janvier 1837.

Cet avis est ainsi conçu :

« Le conseil-d'état, qui a entendu le rapport du comité de l'intérieur sur la question de savoir s'il y a lieu de considérer les rues des villages comme faisant partie des chemins vicinaux, dont ils sont la prolongation ;

» Vu les lois des 16-24 août 1790, sur les attributions conférées aux corps municipaux, les art. 6, 7 et 8 de la loi du 9 ventôse an XIII, les lois des 28 juillet 1824 et 21 mai 1836 sur les chemins vicinaux ;

» Considérant que, par la loi de 1836, il n'a pas été apporté de changemens aux anciens règlemens de voirie concernant les simples chemins vicinaux, mais qu'il n'en est pas de même à l'égard des nouvelles lignes vicinales, classées sous le nom de chemins vicinaux de *grande communication*, lesquelles, aux termes de la sect. 2 de la loi du 21 mai 1836, sont régies par les dispositions qui leur sont propres ;

» Qu'à la différence des chemins vicinaux, les lignes de grande communication offrent un intérêt à la fois départemental et communal ;

» Qu'en effet, d'après l'art. 7 de ladite loi, ces sortes de lignes vicinales ne peuvent être déclarées *chemins vicinaux de grande communication* que par le conseil-général du département, qui en détermine la direction, et désigne les communes qui doivent contribuer à leur construction et à leur entretien ; que le préfet en fixe la largeur et les limites, et détermine annuellement la proportion dans laquelle chaque commune doit concourir à l'entretien de la ligne vicinale dont elle dépend ;

» Qu'aux termes de l'art. 8, ces chemins reçoivent des subventions sur les fonds départementaux ;

» Qu'aux termes de l'art. 9, les chemins vicinaux de grande communication sont placés sous l'autorité du préfet ;

» Considérant qu'il résulte de ces dispositions que, par

la loi de 1836, l'action départementale et préfectorale a été substituée à l'action purement municipale, en ce qui concerne les chemins vicinaux de grande communication, sans exception des rues qui en font partie ;

» Que, s'il en était autrement, il pourrait se trouver, sur ces grandes lignes vicinales, autant de lacunes qu'il s'y trouverait de communes intermédiaires, puisque les intérêts particuliers de chacune d'elles ne tendent pas toujours au but commun; que, souvent même, ces intérêts sont opposés entre eux, ou contraires à l'intérêt départemental ;

» Que, par ces motifs, l'esprit et le texte de la loi de 1836 ont eu pour but de placer l'action dans les mains du préfet, pour neutraliser la résistance d'un intérêt municipal mal entendu ;

» Considérant que les anciennes dispositions des lois et règlemens antérieurs ne sont pas applicables à des lignes vicinales qui n'avaient pas encore l'importance et le caractère co-départemental que la loi de 1836 s'est proposé de leur donner ;

» Est d'avis : que les rues qui sont la prolongation des chemins vicinaux de grande communication, dans la traverse des communes, doivent être considérées comme faisant partie intégrante des chemins, et être soumises aux règles qui leur sont applicables. »

M. le ministre de l'intérieur, en adressant, par circulaire du 10 août 1837, cet avis aux préfets, leur dit que c'est à eux qu'il appartient de prendre des mesures, soit pour les alignemens à donner dans les rues faisant partie des chemins vicinaux de grande communication (à moins que ces alignemens ne soient fixés par des plans homologués par ordonnances royales), soit pour l'entretien de la viabilité de ces voies publiques.

Mais il est évident que les rues qui feraient la continuation des simples chemins vicinaux, ne peuvent être assimilées à ces chemins, ni considérées comme en faisant partie ; que les maires restent en possession du droit d'y donner des alignemens, en vertu de l'art. 3 du titre 11 de la loi du 24 août 1790, sauf le droit de réformation attribué au préfet par l'art. 46 du tit. 1er de la loi du 22 juillet 1791.

Le règlement du préfet doit fixer le *maximum* de largeur des chemins vicinaux ordinaires et de grande communication pour tout le département. Le *minimum* ne doit pas être déterminé. Le préfet ne peut aller au delà de la largeur fixée, tant que le règlement subsiste. Mais, comme ce règlement ne peut être éternel, que de nouveaux besoins peuvent se manifester, il est loisible à l'autorité d'y faire des modifications, soit pour restreindre, soit pour augmenter le *maximum* de largeur originairement fixé ; toutefois, ces modifications ne peuvent avoir lieu qu'en observant les mêmes formes que pour la confection du règlement tout entier.

L'instruction de 1836 indique le *maximum* de largeur des chemins vicinaux ordinaires à 6 mètres, et celle des chemins vicinaux de grande communication à 8 mètres, sans les haies ou fossés, comme une base généralement convenable.

C'est un conseil que le ministre donne à ses subordonnés ; ce n'est pas une obligation qu'il leur impose. Toute latitude leur est laissée par la loi.

Les époques auxquelles les travaux de prestation en nature doivent être faits, ne peuvent être fixées d'une manière convenable qu'en les mettant en rapport avec les travaux de l'agriculture. Il importe de profiter, pour leur exécution, des momens où les habitans de la campagne peuvent avoir le moins à souffrir du sacrifice que la loi leur impose.

L'écoulement des eaux est une matière qui peut difficilement être réglementée par la voie de dispositions générales. Si, néanmoins, les préfets croyaient devoir introduire, dans le règlement qui leur est demandé, quelques dispositions à cet égard, ils devraient se rappeler que le Code civil contient des principes dont il n'est pas permis de s'écarter, et auxquels ils doivent se conformer dans tous les cas spéciaux sur lesquels ils auront à statuer.

Remarquons que l'autorité municipale a été dépouillée, par l'art. 21 de la loi du 21 mai 1836, du droit de prendre des arrêtés généraux, relativement à l'écoulement des eaux des chemins vicinaux, aux fossés de ces chemins, à leur curage et à tout ce qui concerne ces voies publiques, à moins que le règlement fait par le préfet ne leur réserve quelques points à régir. (Arrêt de la cour de cassation du 5 août 1837.)

Ils conservent néanmoins le pouvoir de police qui leur est conféré par les lois des 24 août 1790 et 22 juillet 1791.

Ils peuvent conséquemment défendre aux propriétaires riverains des chemins vicinaux, de creuser sur leurs propriétés des fossés attenant au bord de ces chemins, pour y faire déposer les eaux, si ce n'est en entourant d'une fermeture le côté touchant au sol du chemin. (Loi des 16-24 août 1790, tit. II, art. 3; cour de cassation, 4 janvier 1840.)

Les plantations, soit d'arbres, soit de haies vives, qui se font le long des chemins vicinaux, sont une des matières

qu'on aura le plus de difficultés à réglementer d'une manière précise, parce qu'il importe de concilier les intérêts
des propriétaires riverains avec les intérêts de la viabilité.

Quant aux haies, notamment, il est certain qu'un propriétaire riverain d'un chemin vicinal a un intérêt réel à
clore sa propriété pour la défendre des dégradations qu'y
peuvent commettre les voyageurs et les bestiaux. Quant
aux arbres, il est des départemens où certains arbres frui-
tiers sont d'un produit assez important pour que les propriétaires attachent un grand prix à en planter le long des
chemins. Il est incontestable, d'un autre côté, que les
haies, ainsi que les arbres dont la tige n'est pas très-élevée
et ne peut être dégagée de branches, sont des causes de dégradation constante pour les chemins qu'ils bordent, surtout
lorsque ces voies de communication sont étroites. Les plantations interceptent les rayons du soleil et empêchent la
circulation de l'air; par ce double effet, elles entretiennent
le sol dans un état d'humidité permanente qui détruit
promptement les matériaux les plus solides, ou les fait se
perdre dans une terre constamment délayée. L'extension
des branches est même quelquefois un obstacle au libre passage des voitures chargées. Depuis long-tems, le besoin
d'atténuer au moins ces inconvéniens s'était fait sentir, et
l'application des art. 670 à 673 du Code civil avait paru
à l'administration pouvoir y porter remède; mais les tribunaux, et le conseil-d'état lui-même, auxquels il fallut recourir, ne crurent pas que ces articles fussent applicables en
cette matière.

La loi du 21 mai 1836 lève ces difficultés, et l'article 21
donne aux préfets le droit de régler la distance à laquelle
les propriétaires riverains des chemins vicinaux pourront

planter sur le bord de ces chemins, soit des arbres, soit des haies vives, sans être nullement obligés de se conformer aux dispositions du Code civil. Ils peuvent prescrire une distance plus ou moins grande que celle de ce Code, même autoriser à planter sur la limite de la voie publique. La plus grande latitude leur est laissée à cet égard. Leur unique règle est le besoin des localités dont ils sont les appréciateurs.

Un avis du conseil-d'état, en date du 9 mai 1838, a formellement consacré ces principes.

Cependant, l'instruction ministérielle engage les préfets à se renfermer, en réglant les distances, dans les limites posées par le Code civil, pour les plantations entre propriétés voisines, parce qu'elles semblent suffisantes pour faire disparaître une grande partie des inconvéniens des plantations sur le bord des chemins.

Le règlement ne doit pas avoir d'effet rétroactif et ne pourrait ordonner la destruction des plantations actuellement existantes, par cela seul qu'elles ne seraient pas à la distance voulue. On ne peut, dans ce cas, que veiller à ce que ces plantations ne soient pas renouvelées.

Le droit de réglementer les plantations ne pourrait s'étendre jusqu'à contraindre les propriétaires à planter des arbres ou haies le long des chemins vicinaux. Le maintien de l'état de viabilité ne peut exiger qu'il soit fait des plantations plus souvent nuisibles qu'utiles aux chemins; ce ne serait donc plus que comme ornement de la voie publique que l'administration ordonnerait de planter, et sa sollicitude ne pourrait pas aller jusque là.

Quant à l'élagage des arbres et des haies et au recépage des racines, les droits de l'administration n'ont jamais été mis en question ; il suffit aux préfets de prescrire les époques auxquelles les maires doivent ordonner ces opérations, et de veiller à leur exécution.

Mais si l'administration ne peut appliquer aux propriétaires voisins des chemins les art. 670 à 673 Code civ., et qu'elle n'ait à invoquer que les dispositions formelles de son règlement, n'en est-il pas autrement de ces propriétaires ? Ne peuvent-ils pas exiger que l'administration, qui voudrait planter elle-même des arbres ou des haies, observe les distances prescrites par les articles du Code, sans qu'il lui soit permis de s'en écarter par ses dispositions réglementaires?

Cette question serait grave, si le texte de l'art. 21 n'était pas aussi absolu; mais, quand on songe qu'il donne aux préfets le pouvoir de statuer sur tout ce qui tient aux plantations, on ne peut se dispenser de reconnaître qu'ils peuvent autoriser la plantation sur la limite même des propriétaires ; que c'est une servitude légale que les riverains sont tenus de supporter, sans pouvoir prétendre à une indemnité.

Mais on est en droit de demander aux administrateurs qu'ils fassent tout ce qui dépendra d'eux pour que cette servitude ne devienne pas trop onéreuse et ne soit imposée qu'en cas d'absolue nécessité.

Ce que nous avons dit fait assez comprendre que le principe de l'art. 670 est également inapplicable aux haies séparatives des chemins publics et des héritages privés. Le titre et la possession seront les seuls moyens d'établir la propriété. Le signe indiqué par la loi ne servira qu'à éclairer les juges sur le véritable caractère qu'ils doivent attribuer à cette possession.

L'établissement de fossés le long des chemins vicinaux

est presque partout une condition inséparable d'un bon système d'entretien de ces chemins. Faute de fossés, les eaux séjournent sans écoulement; le sol se détrempe de plus en plus; l'empierrement, s'il a été fait, disparaît, et toutes les dépenses faites le sont en pure perte. L'administration avait pourtant été entravée jusqu'à présent, pour ordonner l'établissement, l'entretien et le curage des fossés; et l'embarras était grand, quant à la solution des questions de propriété.

Le silence de la législation antérieure sur les chemins vicinaux ne permettait que de recourir encore à l'art. 666 du Code civil; mais nous avons vu plus haut combien était difficile l'assimilation des chemins aux propriétés privées, que le Code a eues spécialement en vue.

La loi du 21 mai 1836 a comblé une lacune dont le service des chemins vicinaux avait trop à souffrir. En attribuant aux préfets le droit de donner aux chemins vicinaux toute la largeur convenable et utile, la loi leur a évidemment permis de comprendre, dans la limite de ces voies de communication, les terrains nécessaires pour les fossés, partout où l'on croirait devoir en creuser. Ce n'est donc pas simplement comme annexes, c'est comme parties intégrantes des chemins que les fossés doivent être considérés. Ils font partie du sol, et les anticipations qui tendraient à les rétrécir, à les faire disparaître, doivent être poursuivies de la même manière que les usurpations sur le sol même des chemins; ils doivent être compris sur les tableaux des chemins vicinaux. Leurs longueur, largeur et profondeur doivent être indiquées. Le préfet peut en ordonner l'établissement sur la limite du chemin et de la propriété riveraine, sans observer aucune distance, et il peut prescrire que, là où il ne juge pas devoir en faire établir aux frais de la commune, les propriétaires riverains n'en pourront creuser qu'à une certaine distance des chemins, avec une largeur et une profondeur également déterminées.

Mais, de ces principes, il suit la conséquence rigoureuse que le premier établissement et le curage des fossés sont des dépenses auxquelles il doit être pourvu par les mêmes moyens que pour l'entretien et la réparation des chemins mêmes. Il ne serait pas légal de prétendre mettre le curage des fossés à la charge des propriétaires riverains. C'est ce qui se pratiquait anciennement pour les fossés le long des routes royales : mais il a fallu adopter un autre système ; et on ne pourrait imposer aux riverains des chemins vicinaux des obligations plus grandes qu'aux riverains des grandes routes. Il n'y aurait d'exception à cet égard, que si un propriétaire riverain voulait profiter, comme engrais, du limon qui se déposera dans les fossés. Il ne devra lui être permis de l'enlever qu'à la charge de curer à fond et d'entretenir le fossé dans sa profondeur et sa largeur ; mais, ici, il ne s'agit plus d'une obligation à imposer, il ne s'agit que d'une faculté à accorder et d'un arrangement à l'amiable.

A défaut d'inscription des fossés au tableau et de preuve qu'ils ont été construits aux frais de la commune, il y aurait nécessité de recourir aux titres ordinaires ou à la possession, sans que les art. 666, 667 et 668 du Code civil fussent applicables, ni que la marque de mitoyenneté puisse servir à autre chose qu'à aider le juge dans l'appréciation du véritable caractère de la possession.

De l'art. 21 combiné avec le Code pénal, il résulte que les juges de police ont, à l'exclusion des conseils de préfecture et des tribunaux de police correctionnelle, la connais-

sance en premier ressort de toutes les contraventions, détériorations ou usurpations dont les chemins vicinaux de
petite ou de grande communication, et leurs accessoires,
peuvent être l'objet; que l'on ne peut pas prétendre que les
conseils de préfecture aient l'exclusion ou la concurrence
pour réprimer les usurpations ou détériorations, et que les
tribunaux ne puissent prononcer que l'amende et l'emprisonnement, ave d'autant plus de raison qu'ils doivent
toujours prescrire les démolitions et réparations nécessaires. Après avoir donné une nomenclature étendue des diverses matières que le règlement doit embrasser, l'article
termine en disant qu'il statuera, en outre, sur ious autres
détails de surveillance et de conservation. Or, l'art. 471,
n° 15, du Code pénal, modifié en 1832, est ainsi conçu :

« Seront punis d'amende, depuis 1 franc jusqu'à 5 francs
inclusivement, ceux qui auront contrevenu aux règlemens
légalement faits par l'autorité administrative, et ceux qui
ne se seront pas conformés aux règlemens ou arrêtés pu-
bliés par l'autorité municipale, en vertu des art. 3 et 4,
tit. 11, de la loi du 16-24 août 1790, et de l'art. 46,
tit. 1er, de la loi du 19–22 juillet 1791. »

Et l'art. 479, n° 11, ajoute : « seront punis d'une amende
de 11 à 15 francs inclusivement ceux qui auront dégradé
ou détérioré, de quelque manière que ce soit, les chemins
publics, ou usurpé sur leur largeur. »

Lorsqu'un préfet aura défendu de construire, de planter
le long des chemins, d'en enlever les terres ou les pierres
sans autorisation, de dégrader, d'usurper, d'empiéter, à
peine d'être traduit en simple police, les infractions à cette
partie de son règlement, comme à toutes les autres, devront être réprimées, comme nous l'avons déjà dit, par les

tribunaux de simple police, à l'exclusion des conseils de préfecture et des tribunaux correctionnels, dont les attributions et la compétence nous paraissent entièrement abolies par la nouvelle législation.

Nous savons bien qu'un député ayant demandé que les *juges-de-paix* fussent déclarés exclusivement compétens pour connaître des contraventions en matière de chemins vicinaux, son amendement, qui, d'ailleurs, était mal rédigé (car il aurait dû parler des tribunaux de police), ne fut pas accueilli ; mais que, d'une autre part, un autre député ayant voulu qu'on reconnût la compétence des conseils de préfecture pour juger de la plupart des contraventions, cet amendement fut également rejeté ; que, dans le cours de la discussion, M. Vatout, rapporteur, fit observer que l'intention de la chambre était de rester dans le droit actuel, et non d'innover.

Or, le droit actuel est le Code pénal ( art. 471 et 479 ) qui, combiné avec l'art. 21 de la nouvelle loi, tranche la question de compétence, pour tous les cas, en faveur des juges de simple police, et rend conséquemment inutile l'amendement qui était proposé.

Cette solution est d'autant plus évidente, que la réponse de M. Vatout fut faite à M. Isambert, député et conseiller à la cour de cassation, qui rappelait que la jurisprudence de cette cour attribuait aux juges de police la compétence exclusive en cette matière.

Et, en effet, soit avant, soit depuis la rectification du Code pénal, cette cour, par arrêt de 1827 et 1834, avait reconnu les juges de police seuls compétens pour réprimer les envahissemens et dégradations, comme pour prononcer les peines.

M. de Cormenin, dans sa dernière édition des questions de droit administratif, combat cette jurisprudence de la cour régulatrice, et veut réduire les juges de police à ne prononcer que les amendes et emprisonnemens. Il cite même plusieurs arrêts du conseil-d'état, postérieurs à la loi du 21 mai 1836, qui maintiennent l'ancienne jurisprudence de ce conseil.

Mais cette distinction, qui aurait le grave inconvénient de faire plaider pour le même fait devant deux tribunaux différens, d'entraîner contrariété de décisions, d'obliger à se transporter au chef-lieu du département pour la plus mince dégradation, a été de nouveau proscrite par un arrêt très-formel de la cour de cassation, du 2 mars 1837, rapporté par M. Villeneuve, an 1837, page 771. Le rédacteur accompagne cet arrêt d'observations qui nous semblent de nature à opérer la plus entière conviction.

Deux arrêts de la même cour, en date des 10 septembre 1840 et (Dalloz, 40-1-341) et 5 novembre 1841 décident de nouveau la question de la manière la plus formelle, et déclarent que les articles 6 et 7 de la loi du 9 ventôse, et, par voie de conséquence, l'art. 8 de cette même loi, ont été virtuellement et nécessairement abrogés par la loi du 21 mai 1836.

Cependant, le conseil-d'état n'en persiste pas moins dans sa précédente jurisprudence, ainsi que nous le voyons, notamment par ses arrêts du 14 août 1837 et 2 septembre 1840; de sorte qu'il existe une opposition bien tranchée entre les deux plus grands corps de la magistrature de France.

Comment se terminera ce débat?

Les maires pourront, à leur gré, avoir pour juges, ou les conseils de préfecture ou les tribunaux, suivant qu'ils s'adresseront aux uns ou aux autres. Les préfets pourront même élever le conflit sur les poursuites portées en simple police ; de sorte que le conseil-d'état sera juge de la question, et qu'en définitive, la compétence restera aux juges administratifs.

Quant à nous, nous persistons à croire les tribunaux compétens. La seule loi que l'on puisse invoquer en faveur des conseils de préfecture, est celle du 9 ventôse an XIII, qui ne leur attribue la connaissance que des anticipations commises par plantations; mais les tribunaux ont pour eux les termes généraux de la loi du 6 octobre 1791, qui embrassent.tous les autres cas, et ceux du Code pénal de 1832, de la loi du 21 mai 1836, qui ne laissent même plus subsister, dans les attributions des conseils de préfecture, la répression de l'usurpation par plantations.

La compétence des tribunaux nous paraît résulter de textes si précis, que nous ne comprenons nullement la prétention contraire des autorités administratives.

Les principes ci-dessus ne reçoivent exception que pour les cas prévus et punis par les art. 437, 445, 446, 447 et 448 du Code pénal.

ARTICLE XXII.

## TEXTE.

« Toutes les dispositions de lois antérieures demeurent abrogées en ce qu'elles auraient de contraire à la présente loi. »

## COMMENTAIRE.

La nouvelle loi n'est pas un code complet sur la matière;

elle n'a pour but que de combler les lacunes de la législation antérieure, ou de réformer celles de ses dispositions
dont l'expérience avait démontré le vice. Par conséquent,
cette législation reste en vigueur dans tous les points sur
lesquels la loi de 1836 ne la contrarie pas.

Il serait superflu de rapporter ici les dispositions subsis-
tantes. Nous en avons indiqué quelques-unes dans nos
précédentes observations. On trouvera facilement les
autres dans notre *Traité des Chemins*.

# DEUXIÈME PARTIE.

# ADDITIONS

# ET CHANGEMENS

## AUX TROIS PARTIES DE LA IVᵉ ÉDITION

# DU TRAITÉ DES CHEMINS.

———

*Page 13, après la 10ᵉ ligne, ajoutez :*

Une loi du 20 mars 1835 exige de plus que le vote du conseil-général, pour le classement des routes départementales, soit précédé d'une enquête.

Elle contient cependant une exception. Les votes émis jusqu'à la promulgation de la loi, quoiqu'ils n'aient pas été précédés de l'enquête, peuvent être approuvés par ordonnance du roi, suivant les formes prescrites par le décret du 16 décembre 1811.

Mais il faut bien se garder d'étendre l'exception à des cas pour lesquels elle n'est pas faite.

Ainsi, bien que le classement d'un chemin vicinal parmi les routes départementales, avant la loi du 20 mars 1835, autorise à élargir la voie publique, sans qu'il y ait lieu à une enquête ; cependant, si l'administration veut *redresser* le chemin, établir sur la propriété des voisins une servitude de conduite d'eau, ou faire au projet primitif d'autres changemens, elle est tenue de faire rendre une nouvelle ordonnance royale, qui sera précédée d'une enquête, et de suivre les formes prescrites par la loi sur l'expropriation forcée. (Arr. de la cour de cassation, des 11 juillet 1838 et 13 janvier 1840.)

Nous avons vu plus haut, page 36, que la même règle s'applique aux chemins vicinaux simples ou de grande communication, avec quelques modifications.

On peut consulter, sur tout ce qui tient à l'établissement et au régime des grands chemins, le savant ouvrage sur les conseils-généraux, dont mon honorable confrère, M. Dumesnil, vient de publier la deuxième édition.

*Page 19, après le 1er alinéa, ajoutez :*

Les principes ci-dessus développés sont adoptés par MM. Tarbé de Vauxclair, Proudhon et Dumesnil. Ce dernier auteur se livre à une discussion fort étendue à cet égard, dans son ouvrage sur les *conseils-généraux*, p. 308 et suivantes. Il cite même un arrêt du conseil, du 9 août 1836, dans lequel on lit : « Considérant que le décret du 16 décembre 1811, qui a classé comme routes départementales les routes de troisième classe qui faisaient partie du domaine public, ne les a pas transmises aux départemens en toute propriété; que ce décret, ni les décrets postérieurs qui ont classé les routes départementales, et autorisé, pour leur réparation, la perception de centimes additionnels, ne contiennent aucune disposition de laquelle on puisse induire que lesdites routes avaient cessé d'être domaniales. »

Les talus, pratiqués pour accotter les routes plus éle

vées que les terres riveraines font partie de ces routes, et ne peuvent être censés compris dans la vente faite par l'état de ces mêmes terres. ( Deux arrêts du conseil, du même jour, 26 octobre 1836, Guignebard et Belin, et autre arrêt du 30 juin 1839, Cossin. )

*Page 78, après la 3ᵉ ligne, ajoutez :*

D'après la généralité des termes du décret du 22 janvier 1808, l'administration a le droit de restreindre, non-seulement la première largeur de 24 pieds, qui forme réellement le chemin de halage, mais encore la seconde de 6 pieds, accessoire au chemin, et sur laquelle, si les riverains ont le droit d'empêcher qu'on ne passe, ils ne peuvent du moins établir des constructions, plantations ou clôtures. Elle peut même supprimer entièrement celle-ci, et fixer un seul espace libre d'une manière générale ou absolue.

Toutefois le conseil-d'état paraîtrait avoir décidé le contraire, le 13 mai 1836, dans l'affaire du sieur Pierre, pour lequel nous plaidions.

Le préfet d'Ile-et-Villaine, usant du pouvoir accordé par le décret de 1808, avait réduit à quatre mètres de largeur le chemin de halage à créer le long de la Vilaine. Il avait ordonné la destruction des plantations, constructions et de tous autres obstacles existant dans cet espace, et avait défendu d'en établir dans la même étendue. Son arrêté avait été approuvé par le directeur général des ponts-et-chaussées.

Le sieur Pierre avait construit à quatre mètres de la rive, en laissant conséquemment la largeur fixée par l'administration ; mais, plusieurs années après, celle-ci prétendit que, indépendamment des quatre mètres, il aurait dû laisser six pieds, aux termes de l'ordonnance de 1669; que cette addition de largeur était due de plein droit, et que rien ne pouvait l'en affranchir. Le conseil de préfecture et le conseil-d'état ont, en effet, ordonné la destruction des constructions existant dans l'étendue des dix-huit pieds, ou six mètres.

Néanmoins, on peut douter que le conseil-d'état se soit fondé, pour le décider ainsi, sur ce que l'administration n'a pas le pouvoir de réduire ou supprimer la servitude accessoire des six pieds; ce serait, à notre avis, une erreur beaucoup trop grave, une méconnaissance beaucoup trop extraordinaire de la généralité des termes du décret et de la puissance de l'administration, pour qu'on doive la supposer dans une décision de cette haute juridiction. Il faudrait plutôt admettre que les termes de l'arrêté du préfet d'Ile-et-Vilaine ne lui ont pas semblé assez explicites, pour qu'on pût y voir la suppression dont nous avons parlé. Nous avouons, cependant, que cette interprétation se concilie mal avec les termes de cet arrêté, puisqu'il y était défendu de faire des constructions, seulement dans l'espace de quatre mètres. Il était donc permis d'en faire au delà.

Nous pensons fermement que la prétention du sieur Pierre était très-fondée, et qu'elle aurait dû être accueillie par le conseil-d'état, malgré la contrariété qu'en aurait éprouvée l'administration: car les droits des particuliers doivent être respectés.

*Page* 111, *après la* 11e *ligne, ajoutez :*

La vente d'un domaine, provenant d'une ancienne abbaye, faite par l'état, sous les lois des 26 juillet 1790, art. 9, et 28 août 1792, art. 18, qui laissaient indécise, entre l'état et les riverains, la propriété des arbres plantés sur les routes, comprend le droit éventuel comme représentant de l'abbaye à la propriété de ces arbres, de telle sorte que l'adjudicataire est fondé à se prévaloir de l'art. 1$^{er}$ de la loi du 12 mai 1825, d'après lequel les arbres, actuellement existant sur le sol des routes royales et départementales, sont reconnus la propriété de ceux qui les ont plantés, s'il prouve que les arbres litigieux ont été plantés anciennement par l'abbaye. ( Arrêt de la cour de cassation du 9 juillet 1838.)

*Page 133, après le 2$^e$ alinéa, ajoutez :*

La nécessité de se pourvoir d'une autorisation administrative pour construire ou réparer un bâtiment le long d'une grande route, est la même, soit que les plans d'élargissement ou d'alignement de cette route aient été ou n'aient pas été approuvés par ordonnance royale. C'est toujours au préfet qu'il faut s'adresser pour obtenir la permission. Cela résulte de la généralité des termes de l'arrêt de 1765, et de deux décisions du conseil-d'état, des 15 février 1833 et 29 août 1834.

Le même principe a été consacré, en matière de petite voirie, par une foule d'arrêts de la cour de cassation, notamment par celui du 17 décembre 1836.

Les autorités administratives, compétentes en matière de grande voirie, ont aussi le droit de statuer sur l'alignement des rues des villes, bourgs et villages qui servent de grandes routes. ( Arrêts du conseil des 2 et 23 août 1836. )

En l'absence d'un plan général d'alignement homologué par ordonnance royale, il appartient au préfet de donner l'alignement pour les constructions ou réparations à faire sur lesdites rues. (Arrêts du conseil, des 2 août 1836, 31 décembre 1838 et 6 août 1840.)

Mais si ces rues et places ont une largeur suffisante pour assurer la viabilité de la route, le préfet ne peut donner un alignement qui tendrait à les rétrécir; il doit se borner à déterminer les limites nécessaires dans l'intérêt de la grande voirie, et renvoyer devant l'autorité municipale pour l'alignement à donner au delà de ces limites, dans l'intérêt de la voirie urbaine. (Arrêt du conseil du 23 août 1836.)

L'autorité administrative est seule compétente pour prononcer, lorsque la question de savoir s'il y a lieu d'ordonner la suppression de travaux exécutés par ordre d'un maire sur un terrain, dépend de la solution de cette autre question : Le terrain est-il une rue ou un chemin de halage. (Arrêt du conseil du 17 août 1836.)

Un propriétaire, à Paris, ne peut, sans autorisation préalable, faire des travaux au dessus des combles de sa maison dont le mur de face excède la hauteur légale, lors même qu'ils seraient en retrait du mur de façade, et qu'ils ne dépasseraient pas le plan mené avec une inclinaison de 45 degrés, en partant du sommet de mur de face.

Toutefois, il peut y avoir lieu, à raison des circonstances, de laisser subsister des travaux ainsi exécutés sans autorisation. (Arrêt du conseil du 8 novembre 1838.)

La défense, portée par un arrêté municipal, de réparer, sans autorisation préalable, les murs de clôture attenant à la voie publique, est applicable même aux réparations que la malveillance a rendues nécessaires. (Arrêt de la cour de cassation, ch. crim., du 2 août 1839.)

*Page* 133, *après le* 3<sup>e</sup> *alinéa, ajoutez* :

Toutefois, ce que nous venons de dire, que l'administration ne permet pas les récrépissages des murs de face des maisons sujettes à retranchement, est un principe général et non absolu. Il faut, en effet, pour les interdire, qu'ils soient reconfortatifs; mais il est des circonstances où ils n'ont pas ce caractère et ne constituent que des réparations d'entretien ou de jouissance; ils doivent alors être tolérés. C'est ce qu'a décidé le conseil-d'état, par arrêt du 14 octobre 1836, rendu, sur le pourvoi du ministre de l'intérieur, contre le sieur Ramond, dans lequel on lit :

« Considérant qu'il résulte du plan d'alignement ci-dessus visé, que la maison du sieur Ramond est non-seulement située sur le bord de la route royale n° 137, mais encore qu'elle est sujette à reculement, d'où il suit qu'en faisant récrépir le mur de face de ladite maison, sans avoir préalablement obtenu la permission de l'autorité administrative, le sieur Ramond a contrevenu aux dispositions de l'arrêt du conseil du 17 février 1765; — considérant qu'il résulte de l'instruction que le récrépissement dont il s'agit n'a pas reconforté le mur de face de la maison du sieur Ramond; qu'il n'y a pas lieu, dès-lors, d'ordonner la démolition des travaux, et, qu'en raison des circonstances de l'affaire, l'amende encourue par le sieur Ramond, aux termes de l'arrêt du conseil du 17 février 1765, peut être modérée. »

Un arrêt du conseil du 11 décembre 1838 a considéré comme travail confortatif le crépissage d'un mur de face construit en moellons et en pierres de dimensions inégales.

Deux arrêts de la cour de cassation des 20 juillet et 7 septembre 1838 ont décidé que les simples travaux de peinture et de blanchissage ne pouvaient être exécutés sans autorisation, pas plus que les travaux de réparations et constructions.

L'autorisation doit être établie par écrit ayant date certaine avant ces constructions; elle ne peut l'être par la preuve testimoniale, et l'autorisation postérieure ne détruit pas la contravention. (Arrêts de la cour de cassation, des 1ᵉʳ juillet 1838 et 5 juillet 1839; cons., 23 février 1839.)

*Page 140, après la 9ᵉ ligne, ajoutez :*

Depuis les décisions précitées du conseil-d'état, il en est intervenu d'autres, des 12 décembre 1834, 25 mars et 28 mai 1835, 14 juin 1837 et 22 août 1838, qui ont de nouveau consacré le principe que le propriétaire pouvait faire, sans autorisation, dans la partie retranchable ou sujette à reculement, tous les travaux qui lui convenaient, pourvu qu'ils ne fussent pas confortatifs du mur de face, et à la condition de les supprimer quand ce mur viendrait à être détruit. Le texte de ces décisions est identiquement le même que celui de l'arrêt Laffitte, rapporté page 137.

Un arrêt de la même juridiction, du 23 décembre 1835, rendu sur le pourvoi du sieur Delafuye, paraît, au premier aspect, contrarier cette jurisprudence et n'accorder au propriétaire que le droit de réparer un ancien bâtiment, et non de faire une construction nouvelle; mais, en le lisant avec attention, on remarque qu'il a été déterminé par la considération que le propriétaire avait agi pour éluder la loi, et avait d'abord appuyé ses travaux sur le mur de face, ce qui devait en prolonger la durée. Il porte : « Considérant qu'il est établi, par l'instruction de l'affaire, que le sieur Delafuye a élevé, sans autorisation, dans la ville de Château-

gontier, route départementale, n° 2, en deçà du mur de clôture de son jardin, des constructions qui y étaient d'abord
adossées, et qui en ont été séparées depuis par un intervalle
de 20 centimètres, mais qui forment encore une saillie de
1 mètre 40 centimètres sur le terrain qui doit être réuni à
la voie publique; qu'il ne s'agit pas, dès-lors, dans l'espèce, de réparations faites dans l'intérieur de bâtimens déjà
existans et sujets à retranchement, mais que le sieur Delafuye a entrepris, derrière le mur joignant la route, une
construction nouvelle, qui se trouve sur l'emplacement du
sol destiné à l'élargissement de la rue d'Azée. »

Au surplus, les deux arrêts du conseil, des 14 juin 1837
et 22 août 1838, ont bien fixé la jurisprudence.

La question de savoir si les travaux sont ou non confortatifs est appréciée exclusivement par les officiers de la voirie, et ne peut être, dans aucun cas, décidée par les tribunaux. Lors donc qu'il y a contestation sur ce point, il y a
lieu à surseoir jusqu'à la décision par l'autorité administrative. (Arrêts de la cour de cassation, des 28 août et
18 septembre 1835, 25 juin, 10 novembre 1836, 17 février et 2 décembre 1837 et 16 juillet 1840.)

Il en est de même des arrêtés des maires ordonnant la démolition des bâtimens menaçant ruine. Le tribunal de police, saisi de la contravention à un pareil arrêté, doit en
prescrire l'exécution et ne peut rechercher si réellement le
bâtiment menace ruine. (Arrêt de la cour de cassation, du
30 janvier 1836.)

*Page 140, après l'avant-dernière ligne, ajoutez :*

Il y a plus : l'ouvrier qui exécute, par les ordres d'un propriétaire, des travaux de construction sur la voie publique,

contraires à l'autorisation accordée par le pouvoir administratif ou sans que l'autorisation né essaire ait été accordée,
est passible, comme le propriétaire lui-même, de l'amende
portée au n° 5 de l'art. 471 du Code pénal, lors même qu'il
n'existerait pas de réglement spécial pour la localité, portant interdiction à tous ouvriers de bâtir ou réparer sans
permission; car l'édit de 1607, la déclaration royale du
16 juin 1693, et l'arrêt du conseil, du 27 février 1765,
contiennent cette prohibition. ( Arr. de cass., des 12 novembre et 17 décembre 1840; cons., 12 avril 1838.)

*Page 149, après l'avant-dernier alinéa, ajoutez ce qui suit :*

Les principes ci-dessus, sur le mur mitoyen devenu mur
de face, sur la conservation des travaux non confortatifs,
et la modération de l'amende, ont été de nouveau consacrés par un arrêt du conseil, du 5 décembre 1834, rendu
sur le pourvoi de la dame Bertrand, propriétaire d'une
maison à Paris.

Il est ainsi conçu : « Considérant qu'au moment où l'administration a fait commencer la démolition de la maison
que la ville de Paris avait acquise au commencement des
rues Saint-Martin et Aubry-le-Boucher, pour en ajouter
l'emplacement à la voie publique, les limites de celle-ci se
sont étendues jusqu'au mur mitoyen qui séparait cette maison de celle de la dame Bertrand, et qu'ainsi ce mur mitoyen, devenant mur de face, se trouvait soumis à toutes
les servitudes que les réglemens de la voirie imposent aux
constructions riveraines des voies publiques; considérant
que, dès-lors, c'est avec raison que le conseil de préfecture
a condamné la dame Bertrand à l'amende, pour avoir fait
exécuter des travaux dans ledit mur sans avoir demandé

une autorisation préalable ; considérant, néanmoins, qu'il est reconnu, par l'administration, que les ouvrages faits par la dame Bertrand n'ont pas eu pour effet d'augmenter la solidité de sa maison, et qu'ainsi, il n'y avait pas lieu d'en ordonner la démolition ; considérant, en outre, que, d'après les circonstances de l'affaire, il convient de modé-- rer l'amende encourue par la dame Bertrand aux termes des réglemens de la voirie.

» Art. 1ᵉʳ. L'arrêté du conseil de préfecture du département de la Seine, du 2 février 1832, est annulé dans celle de ses dispositions qui ordonne la démolition des constructions faites par la dame Bertrand.

» Art. 2. L'amende prononcée contre elle par le conseil de préfecture est réduite à la somme de 100 fr. »

*Page 153, après le 1ᵉʳ alinéa, ajoutez ce qui suit :*

Il était, en effet, de jurisprudence autrefois, que les conseils de préfecture étaient incompétens pour statuer sur la demande en indemnité, à raison du dommage provenant du fait de l'administration. Nous lisons notamment dans l'arrêt du 22 juin 1825, rendu entre Combe et la ville d'Avignon, les motifs suivans : « Considérant qu'aux termes de l'art. 4 de la loi du 28 pluviôse an VIII, les conseils de préfecture sont compétens pour connaître des dommages qui proviennent du fait des entrepreneurs et non du fait de l'administration, que la destruction du moulin des frères Combe provient du fait de l'administration, puisque cette destruction a été opérée, vu le péril imminent, par ordre de l'ingénieur en chef et avec l'approbation du préfet du département de Vaucluse ; qu'ainsi, le conseil de préfecture s'est justement déclaré incompétent. » A la vé-

rité, nous n'avons jamais pensé qu'il résultât de cette jurisprudence et de l'interprétation que nous donnions à la
loi du 28 pluviôse an viii, que l'autorité judiciaire fût seule
apte à prononcer sur une action en indemnité provenant du
fait de l'administration. L'incompétence du conseil de préfecture nous faisait croire que l'administration pure, c'est-
à-dire le ministre, devait statuer sur la demande en liquidation, sauf recours au conseil-d'état. Mais des décisions
récentes ne permettent plus de douter de la compétence
des conseils de préfecture à l'exclusion du ministre et des
tribunaux.

En effet, divers arrêts postérieurs du conseil-d'état et
de la cour de cassation ont fixé le véritable sens de la loi, et
nous préférons la nouvelle interprétation. Il existe notamment, dans ce sens, deux arrêts du conseil des 12 avril
1832, 30 mai 1834, et un arrêt de la cour de cassation
du 20 août 1834. On peut voir dans le recueil de Villeneuve (1834, p. 530) l'exposé des moyens de l'administration, et l'explication qu'elle a donnée des termes de la
loi de l'an viii.

Il est d'ailleurs incontestable que la compétence du conseil de préfecture est restreinte au cas où il s'agit de simples torts et dommages ; mais lorsqu'il y a dépossession
réelle de tout ou partie de l'immeuble, c'est une expropriation ; il faut alors procéder conformément à la loi
du 7 juillet 1833, à moins que les travaux qui entraînent
la dépossession n'aient été ordonnés avant la loi du 8
mars 1810.

Toutefois, un arrêt du conseil du 25 août 1835, rendu
sur conflit, dans l'affaire du sieur Pierre, un autre arrêt
du 2 janvier 1838, dans l'affaire Lerebours et consorts et un

troisième du 18 août 1841 dans l'affaire Brigode, ont décidé qu'il appartenait au conseil de préfecture de juger s'il était dû une indemnité pour établissement d'un chemin de halage, et de la liquider. On a considéré que l'établissement du halage par l'administration ne constituait qu'un simple dommage, bien qu'il fallût détruire des bâtimens et plantations. Nous ne pouvons adopter cette jurisprudence. Il nous semble qu'il y avait une question préjudicielle (celle de savoir si les riverains avaient droit de réclamer une indemnité, ou si sa propriété pouvait être grevée gratuitement d'une servitude), qui devait toujours être soumise aux tribunaux.

*Page 161, après la 9ᵉ ligne, ajoutez :*

L'arrêt qui précède, dont nous avions omis d'indiquer la date, et qui est du 5 novembre 1828, nous avait autorisé à émettre l'opinion qu'un simple fossé pouvait constituer une clôture. L'art. 6 de la section iv du Code rural, du 6 octobre 1971, est, d'ailleurs, là-dessus très-formel, pourvu, cependant, que le fossé ait la profondeur et la largeur déterminées par ce même article.

Au premier aspect, on pourrait croire que le contraire résulte de deux arrêts du conseil, des 27 juin et 24 octobre 1834, lesquels, tout en confirmant la défense de prendre des matériaux dans les propriétés closes, semblent ne reconnaître pour clôture qu'un mur ou autre travail équivalent à un mur.

Dans la première affaire (Latour-Maubourg), le ministre de l'intérieur faisait observer que le bois du réclamant était entouré d'un fossé seulement, et qu'on ne pouvait considérer un fossé comme une clôture, dans le sens du réglement de 1755.

Dans la seconde affaire (Tarbé des Sablons), l'entrepreneur se défendait, en disant que la propriété du réclamant, entourée de fossés dans quelques endroits seulement, n'était pas close dans le sens de la loi et des réglemens. Dans toutes deux, le conseil a motivé sa décision en ces termes : « Considérant qu'aux termes de l'arrêt du conseil, du 7 septembre 1755, les entrepreneurs de travaux publics peuvent prendre des matériaux, pour l'exécution des travaux dont ils sont adjudicataires, dans tous les lieux qui leur sont indiqués par leur devis, ou par désignation ultérieure émanée de l'autorité compétente, sans néanmoins qu'ils puissent les prendre dans les lieux qui seront fermés de murs ou autre clôture équivalente, suivant l'usage du pays ; qu'il résulte de l'instruction de l'affaire et des pièces produites, que la propriété du sieur ...... n'est pas entourée de murs ni de clôture équivalente à un mur, et qu'ainsi, c'est avec raison que le conseil de préfecture a maintenu à l'entrepreneur la faculté d'y continuer ses fouilles. »

Néanmoins, nous ne pouvons voir, dans cette décision, le principe général que jamais les fossés ne peuvent former clôture. Il est évident que le conseil a seulement dit que, dans les espèces particulières, ils ne la formaient pas. Tout, en cette matière, dépend donc des circonstances de chaque espèce ; il est tel fossé qui, par sa largeur et sa profondeur, comme par l'eau qui y coule, peut constituer une clôture plus sûre et plus complète que celle qui résulte d'un mur de quelques pieds.

La nouvelle loi sur les chemins vicinaux oblige l'entrepreneur à faire déterminer, par le préfet, le lieu de l'extraction des matériaux, à prévenir le propriétaire dix jours d'avance et à l'indemniser. Elle ne fait pas défense de prendre dans les lieux clos, mais elle laisse subsister l'arrêt de 1755, qui, par conséquent, doit toujours être appliqué. (*Voy.* Arrêt du 10 mars 1834. — Sirey, 1836, 2ᵉ part., p. 173 et p. 90 de ce *Supplément.* )

*Page 174, après la 20ᵉ ligne, ajoutez :*

Un arrêt du conseil du 30 octobre 1834, rendu sur le pourvoi du sieur Desgrandchamps, en rappelant le principe que les conseils de préfecture sont compétens pour statuer sur les demandes en indemnités pour torts et dommages provenant du fait des entrepreneurs des travaux publics, a de nouveau et très-expressément décidé que l'on n'avait pu, par une convention contraire insérée dans l'acte d'adjudication des travaux, déroger à cette compétence. Dans l'espèce de cet arrêt, les stipulations de l'acte d'adjudication portaient que les contestations seraient décidées par le sous-préfet. On n'y a eu aucun égard.

*Page 176, après la 2ᵉ ligne, ajoutez :*

Toutefois, pour que le conseil de préfecture puisse punir la contravention reprochée au propriétaire riverain, il faut d'abord que la largeur de la route et sa direction soient bien établies par d'anciens plans ou par d'autres documens irrécusables; sans cela, rien ne prouverait qu'il y a eu anticipation sur le sol du chemin. C'est ce que le conseil-d'état a décidé par arrêt du 30 juin 1835. Il résulte également de cette décision, que c'est à l'administration de rechercher et de déclarer les anciennes limites.

On reprochait à M. Ganneron d'avoir empiété sur la route

de Paris à Lille, dans le département de Seine-et-Oise, par le creusement d'un fossé et la plantation d'une rangée d'arbres. Il avait traduit l'état devant les tribunaux pour se faire reconnaître propriétaire du terrain qu'on l'accusait d'avoir usurpé. Il soutenait d'ailleurs que ce terrain ne faisait pas partie de la route.

Condamné par le conseil de préfecture, il appela au conseil-d'état, qui prononça ainsi :

« Il est sursis à statuer, toutes choses demeurant en état, jusqu'à ce que la largeur de la route, au point litigieux, ait été reconnue administrativement d'après les anciens plans et tous autres documens. »

Pour que le conseil de préfecture soit compétent, il faut également que la route serve réellement au public, et soit considérée comme route royale ou départementale ; car si, par suite d'un nouveau tracé, le chemin avait été établi dans un autre emplacement, l'ancienne voie n'étant plus fréquentée par le public, les contraventions qui pourraient y être commises ne seraient plus des délits de grande voirie, lors même qu'il n'existerait pas de déclaration expresse de l'autorité administrative que l'ancien sol a cessé d'être un chemin.(Arr. cons., 4 juin 1839.)

*Page 182, après la 17ᵉ ligne, ajoutez :*

Il y a mieux : le conseil-d'état a décidé que lorsqu'un fait compris seulement dans les énonciations générales des lois et réglemens sur la grande voirie, comme déféré au conseil de préfecture, était spécifiquement rangé, par le Code pénal, au nombre des contraventions de simple police, les tribunaux de police étaient compétens pour en connaître, à l'exclusion du conseil de préfecture.

Ainsi, par exemple, l'art. 475, n° 3, du Code pénal, punit d'amende, depuis 6 francs jusqu'à 10 fr. inclusivement, les rouliers, charretiers, conducteurs de voitures quelconques ou de bêtes de charge, qui auraient contrevenu aux réglemens par lesquels ils sont obligés de se tenir constamment à portée de leurs chevaux, bêtes de trait ou de charge, et de leurs voitures, et en état de les guider et conduire; d'occuper un seul côté *des rues, chemins* ou voies publiques; de se détourner ou ranger devant toutes autres voitures, et, à leur approche, de leur laisser libre au moins la moitié des rues, chaussées, routes et chemins.

Le voiturier du sieur Ingrand ayant été condamné par le conseil de préfecture des Deux-Sèvres à 6 fr. d'amend e pour avoir abandonné la conduite de ses chevaux sur une *grande route*, le ministre de l'intérieur se pourvut au conseil-d'état et soutint que le tribunal de simple police étai seul compétent pour connaître de la contravention.

Un arrêt du 23 décembre 1835 a fait droit à cet app el en ces termes :

« Vu l'art. 475 du Code pénal, et les art. 137 et 138 du Code d'instruction criminelle ; vu le décret du 22 juillet 1806 ;

» Considérant qu'il s'agissait, dans l'espèce, d'une con _ travention prévue par l'art. 475 du Code pénal, et dont la connaissance est attribuée, par les art. 137 et 138 du Code d'instruction criminelle, aux tribunaux de simple police ; qu'ainsi, en statuant sur cette contravention, le conseil de préfecture du département des Deux-Sèvres a excédé ses pouvoirs ;

» L'arrêté du conseil de préfecture des Deux-Sèvres, du 7 décembre 1833, est annulé. »

Il suit de là, que divers faits prévus et punis par les autres paragraphes de cet art. 475, seraient aussi de la compétence des tribunaux de police, à l'exclusion des conseils de préfecture, qu'ils aient eu lieu dans une rue faisant continuation d'une grande route, ou sur la grande route elle-même, c'est-à-dire sur la partie du chemin extérieure à la ville, au village, ou au bourg.

Le Code pénal modifié en 1832, qui met au nombre des contraventions de police la dégradation des chemins publics, ne s'applique pas à la grande voirie ; en conséquence, les dégradations, anticipations, dépôts de matériaux sur les quais et cales d'un port de commerce, sur les chemins de halage des bords des canaux ou rivières navigables et sur les routes, sont des contraventions de grande voirie, de la compétence des conseils de préfecture. (Arr. cons., 19 mars et 23 juillet 1840).

*Page* 200, *après la* 24<sup>e</sup> *ligne, ajoutez :*

Aux termes de l'art. 105 du décret du 16 décembre 1811, les particuliers qui, dans l'élagage des arbres qui leur appartiennent sur les routes, ne se conforment point aux époques et aux indications contenues dans l'arrêté du préfet, doivent être poursuivis comme coupables de dommages causés aux plantations des routes.

La peine à appliquer, en cas de contravention à cet article, est, non celle portée par l'art. 101 du même décret contre ceux qui coupent sans autorisation, arrachent ou font périr les arbres plantés sur leur terrain (une amende égale à la triple valeur de l'arbre détruit), mais celle portée par la loi des 28 septembre-6 octobre 1791 (titre II, art. 43), contre ceux qui coupent ou détériorent les arbres plantés sur les routes, peine d'ailleurs identique quant à l'amende.

Et cette contravention est néanmoins de la compétence des conseils de préfecture. (Arr. cons., 6 août 1840.)

*Page 208, après la 6<sup>e</sup> ligne, ajoutez :*

Il existe, soit sur les rivières navigables et flottables, soit sur les cours d'eau qui ne le sont pas, des ponts qui forment la continuation des routes royales et départementales. Les difficultés qui peuvent s'élever entre les concessionnaires de ces ponts et les tiers, à raison du péage, sont de la compétence des tribunaux de simple police, aux termes des art. 56 et 58 de la loi du 6 frimaire an VII, ainsi que nous l'expliquons dans notre 3<sup>e</sup> édition du *Régime des Eaux* récemment publiée.

Ces articles sont ainsi conçus :

« Art. 56. Toute personne qui se soustrairait au paiement des sommes portées au tarif, sera condamnée par le juge-de-paix du canton, outre la restitution des droits, à une amende qui ne pourra être moindre de la valeur d'une journée de travail, ni excéder trois jours.

» En cas de récidive, le juge-de-paix prononcera, outre l'amende, un emprisonnement qui ne pourra être moindre d'un jour ni être de plus de trois, et l'affiche du jugement sera aux frais du contrevenant. »

« Art. 58. Toute personne qui aura aidé ou favorisé la fraude, ou concouru à des contraventions aux lois sur la police des bacs, sera condamnée aux mêmes peines que les auteurs des fraudes ou contraventions. »

A la vérité, la loi qui renferme ces dispositions est relative à la police, au régime et à l'administration des bacs et bateaux sur les fleuves, rivières et canaux navigables; mais un arrêt de la cour de la cassation du 26 août 1826 (Sirey, 1827-1-130) dit qu'un pont est un moyen de communication et de transport du même genre que les bacs et bateaux; que, dès-lors, les contraventions aux réglemens de l'autorité compétente, qui assurent la perception des droits de péage sur les ponts, doivent être portées devant les tribunaux de simple police, comme le prescrit l'art. 56 de la loi du 6 frimaire an VII, pour les bacs et bateaux.

Deux arrêts du conseil, des 16 juillet 1840 et 5 février 1841, ont également consacré la compétence des tribunaux.

Nous pensons que, par une conséquence nécessaire, le tribunal de police serait compétent pour réprimer la contravention de ceux qui se soustrairaient au paiement du droit, en évitant de passer la rivière sur le pont, et en la passant dans un bateau ou batelet, à moins qu'ils n'en eussent obtenu l'autorisation du pouvoir administratif, dans les cas prévus par l'art. 8 de la loi de l'an VII, ou qu'ils ne fussent dans celui énoncé art. 9; que le juge de police devrait prononcer la peine portée par les art. 56 et 57. Sa compétence et son pouvoir seraient d'autant moins contestables que le n° 15 de l'art. 471 du Code pénal considère comme contravention de police la violation d'un règlement administratif, et que la concession d'un pont à péage est un règlement de cette nature.

Toutefois, le fait de passer à gué la rivière, ou de la passer sur la glace, ou quand elle est à sec, ne pourrait être considéré comme contravention punissable. (Arrêts de cassation, du 25 octobre 1822; du cons., des 15 mars 1826 et 6 avril 1836.)

Nous pensons qu'il en serait de même du fait de la traverser à la nage.

Il n'y aurait exception que si l'administration avait interdit le passage. ( Arr. cons., 5 septembre 18 )(.)

Lorsque le cahier des charges de la concession d'un pont à péage ne contient aucune réserve ayant pour but d'interdire à l'administration d'autoriser la construction d'un autre pont dans le voisinage, l'établissement du nouveau pont ne donne au concessionnaire du premier, aucun droit à une indemnité. (Arrêt du conseil, du 8 août 1840.)

*Page 225, après la 25ᵉ ligne, ajoutez :*

Les procès-verbaux en matière de grande voirie sont valables, quoiqu'ils ne soient signés que d'un seul gendarme ; mais aucune loi ne leur attribuant l'effet de faire foi jusqu'à inscription de faux, il s'ensuit qu'ils peuvent être débattus par des preuves contraires, dont la nature et l'espèce sont abandonnées à l'appréciation des conseils de préfecture. (Arr. du cons., des 21 mars 1834, et 19 janvier 1836, déjà cités plus haut, p. 56.)

Ces principes ne s'appliquent pas seulement aux contraventions aux lois et réglemens sur la police du roulage et des messageries, ils s'étendent à toutes les contraventions en matière de grande voirie sans exception.

Les procès-verbaux ou rapports des commis voyers à Paris ne font pas foi jusqu'à inscription de faux, mais ils font foi jusqu'à preuve contraire, lorsqu'ils ont été vérifiés et approuvés par l'autorité supérieure. (Arr. cons., du 5 septembre 1836.) Voyez *Régime des Eaux*, n° 566.

Les procès - verbaux de contravention en matière de grande voirie (notamment en matière de police de roulage), peuvent être affirmés pendant les trois jours de leur rédaction. (Arr. du cons., des 24 mai 1837, 18 novembre 1838, 22 août 1839, 16 juillet 1840, et autres.)

Ils n'ont pas besoin d'être visés par l'ingénieur en chef (19 décembre 1838).

L'affirmation d'un procès-verbal de contravention à la police du roulage peut être aussi bien faite devant le juge-de-paix de la résidence de l'agent qui a verbalisé, que devant celui du canton où la contravention a été commise. (Arr. cons., 31 janvier et 1<sup>er</sup> novembre 1838.)

Les dispositions des décrets des 18 août 1810 et 16 décembre 1811, portant que les agens appelés à surveiller la police des routes pourront affirmer leurs procès-verbaux devant le juge-de-paix ou le maire du lieu, s'entendent tout aussi bien du juge-de-paix ou du maire du lieu, de la résidence des agens, que du lieu du délit; les agens ont en conséquence le choix. (Arr. cons., des 31 août 1828, 21 octobre 1831, 9 mars 1836, 25 février et 23 juin 1841.)

Il n'est pas nécessaire que l'affirmation des procès-verbaux en matière de grande voirie soit signée de l'agent qui fait cette affirmation, il suffit de la signature du magistrat qui la reçoit. (Arr. cons., 10 mai 1839.)

Ne sont pas nuls les procès-verbaux qui constatent des contraventions en matière de grande voirie, pour n'avoir pas été soumis à la formalité de l'enregistrement; la loi du 22 frimaire an VII a été abrogée en ce point par les lois et décrets postérieurs, et notamment par le décret du 23 juin 1806. (Arr. cons., 22 février 1838.)

*Page 230, après le 1<sup>er</sup> alinéa, ajoutez :*

Cette ordonnance du bureau des finances est toujours en vigueur; en conséquence, dans les pays qui faisaient partie de l'ancienne généralité de Paris, l'amende à appliquer au cas où des dépôts de matériaux et autres objets sont faits sur des routes, est, non celle de 500 fr. portée par l'ordonnance du 4 août 1731, mais celle de 100 fr., énoncée dans celle de 1781.

*A la fin de la page 236, ajoutez :*

Nous pensons que les lettres patentes du 22 octobre 1755, portant que les permissions de bâtir ne sont valables que pour un an, ne sont plus en vigueur; que, dans tous les cas, elles n'ont pas d'effet hors du territoire de l'ancienne généralité de Paris. Ce principe général nous semble avoir été admis par arrêt du conseil du 16 juillet 1840.

*Après la page 247, ajoutez ce qui suit :*

Le conseil-d'état, par arrêts des 27 février et 13 mai 1836 (Pozzo di Borgo et Pierre), 2 janvier 1838 (Lerebours), 16 juillet 1840 (Vidal frères), 25 août 1841 (Brigode et consorts), a considéré les constructions non autorisées comme des contraventions de police. Il a distingué entre la peine d'amende et la démolition. La première est prescrite par une année aux termes de l'art. 640 du Code d'instruction criminelle; mais la démolition doit toujours être prononcée parce que la construction non autorisée constitue une infraction permanente, qui est censée se renouveler à chaque instant. (*Voy.* en outre l'arrêt du conseil du 4 septembre 1841.)

*Page 257, après la 19ᵉ ligne, ajoutez ce qui suit :*

La loi du 21 mai 1836 divise les chemins en chemins vicinaux de petite et de grande communication ; dans une circulaire adressée, le 10 août 1836, par le ministre de l'intérieur aux préfets, on trouve, à propos de ces dernières voies publiques, dont la dénomination est nouvelle, les explications suivantes :

« J'ai remarqué que, dans quelques départemens, MM. les préfets projettent de proposer aux conseils généraux de prononcer le classement de chemins vicinaux de grande communication qui n'auraient qu'une lieue et même qu'une demi-lieue de longueur. Je ne veux certainement pas faire ici une question de mots, et je ne dirai pas qu'un chemin aussi peu étendu ne saurait présenter l'idée d'une grande communication, mais il faut pourtant convenir qu'il présenterait une exception assez rare. Les chemins de grande communication, comme les a entendus le législateur, sont évidemment ceux qui peuvent ouvrir des rapports entre différentes parties du département, qui traversent un certain nombre de communes, et ont par conséquent une certaine étendue. Un chemin d'une lieue ou d'une demi-lieue ne peut guère intéresser qu'une seule commune. Si elle est populeuse, le chemin ne sera certainement pas sans utilité ; mais cette utilité sera-t-elle bien celle que l'art. 7 de la loi a en vue, et ce chemin ne devrait-il pas, dans ce cas, être construit par la seule commune qu'il intéresse ? Au surplus, je ne veux, je le répète, rien prononcer d'absolu sur ce point ; il me suffit de l'avoir signalé à l'attention de MM. les préfets qui auraient projeté le classement de semblables communications »

Voyez au surplus ce que nous disons dans la 1<sup>re</sup> partie de ce supplément sur les art. 1 et 7 de la loi du 21 mai 1836.

*Page 262 , après le 2<sup>e</sup> alinéa , ajoutez :*

Par arrêt du 7 mars 1834, le conseil-d'état a jugé qu'un bac, qui se trouve sur la ligne d'un chemin vicinal, peut être considéré par le préfet comme la continuation de ce chemin, comme en faisant partie, et que, par conséquent, ce fonctionnaire , en prenant des mesures pour l'entretien du bac , ne fait que remplir un devoir, et se conformer aux règles de sa compétence en matière de chemins vicinaux.

*Page 272 , après la 19<sup>e</sup> ligne , ajoutez :*

L'instruction du mois de juin 1836 contient d'ailleurs, sur le pouvoir des préfets de déclarer la vicinalité, les très-justes observations qui suivent :

« Je vous ai dit que pour que vous puissiez déclarer un chemin *vicinal*, il fallait que ce chemin existât, et que le public en fût en jouissance par droit ou par usage. S'il s'agissait, au contraire, d'une avenue, par exemple, qui aurait toujours été fermée de barrières, et dont le public n'aurait jamais joui, s'il s'agissait d'un chemin pratiqué dans un terrain privé, pour le seul usage de son propriétaire, et sans que le public ait jamais été admis à s'en servir, alors, bien évidemment, il n'y aurait plus lieu à déclaration de vicinalité, car il n'existerait pas de chemin comme l'entend la loi. Sans doute, cette avenue, ce chemin particulier, ne pourrait prétendre à un privilége d'inviolabilité plus étendu que toute autre partie de la propriété privée ; sans doute, si l'administration publique reconnaissait l'indispensable

nécessité d'occuper cette avenue ou ce chemin , pour faire
un chemin public, l'administration le pourrait , parce que
l'intérêt général l'emporte sur toute autre considération;
mais ce ne serait plus par une simple déclaration de vicinalité , qu'il y aurait alors lieu de procéder. Il s'agirait véri-
tablement, dans ce cas, de l'ouverture d'un chemin nouveau , et il faudrait procéder , non plus conformément à
l'art. 15 , mais conformément à l'art. 16 de la loi. Il en résulterait quelques longueurs sans doute , mais le respect
dû à la propriété le commande , et ici il n'est plus prédo-
miné par l'urgence. Il peut y avoir, il y a, en effet, *urgence*
à maintenir le public en jouissance d'une voie de communication, dont il jouit déjà; il ne peut y avoir urgence à
mettre le public en possession d'une voie de communication
qui ne lui a jamais été ouverte.

» Ne perdez jamais cette distinction de vue, M. le préfet ; plus le pouvoir confié à l'administration est étendu,
plus l'administration doit se montrer sage et réservée dans
l'exercice de ce pouvoir. »

*Page 275 , après la 3ᵉ ligne , ajoutez :*

Mais cette décision ne peut s'entendre de la discussion
même du fond de la question de classement ou de déclassement, parce qu'il s'agit d'une matière purement administrative d'utilité publique, abandonnée au pouvoir discrétionnaire de l'autorité. Cela résulte de nombreux arrêts
du conseil-d'état, et notamment de ceux des 18 juillet
1838 , 30 juin 1839, 16 juin 1841.

Le pourvoi n'est recevable qu'autant que l'autorité a refusé d'examiner et de décider la question d'utilité publique,
en se fondant sur une exception ou fin de non-recevoir illé-

gale ou erronée, ou que l'opération du classement ou du déclassement a eu lieu sans l'observation des formalités, par exemple sans avoir consulté le conseil municipal.

Nous en trouvons un exemple dans un arrêt du conseil du 7 février 1834, rendu entre les héritiers de Barral et la commune de Saint-Etienne-du-Crossey.

Il s'agissait d'un chemin dont la vicinalité était contestée. Les héritiers de Barral soutenaient que le chemin en litige était un sentier ouvert par leur auteur pour l'exploitation de son domaine, et que, d'ailleurs, la commune était sans qualité, puisqu'il était tout entier sur le territoire de la commune de Saint-Ampre. Le préfet, se fondant sur ces motifs, déclara la commune de Saint-Etienne sans droit, et rapporta son arrêté de classement. Mais le maire ayant réclamé devant le ministre, il fut enjoint au préfet de maintenir le chemin dans l'état de classement.

Le sieur Bourdariat, l'un des héritiers de Barral, s'adressa au ministre, et lui fit observer que la commune était mal fondée dans ses prétentions, puisque le chemin en litige était placé hors de son territoire, et que le maire de Saint-Ampre, qui avait seul intérêt, ne réclamait pas. Ce fait fut reconnu par le ministre; mais il déclara qu'il ne pouvait rapporter sa décision, et qu'elle n'était attaquable que devant le conseil-d'état.

Les héritiers de Barral se pourvurent au conseil-d'état, où ils invoquèrent les moyens précédemment exposés.

La commune de Saint-Etienne soutint le recours non recevable, attendu qu'il ne s'agissait pas d'une matière contentieuse, mais bien d'une mesure purement administrative sur laquelle tout était consommé, quand le ministre avait prononcé. Au fond, elle concluait au bien jugé.

Voici dans quels termes il a été statué :

*Sur la compétence* : « Considérant que le sieur Bourdariat a contesté, devant le préfet de l'Isère, la préexistence du chemin dont il s'agit, comme vicinal, et que sa réclamation, adressée à notre ministre de l'intérieur contre l'arrêté du préfet du 29 janvier 1830, rendu en exécution de la décision de notre dit ministre du 25 janvier 1830, portait sur le même objet et était fondé sur les mêmes motifs ; considérant que les contestations relatives aux déclarations de vicinalité des chemins émanées des préfets sont de la compétence de notre ministre du commerce et des travaux publics, et que ces décisions en cette matière sont de nature à nous être déférées en notre conseil-d'état, par la voie contentieuse.

» *Au fond* : Considérant qu'il résulte des documens de l'affaire que la décision ministérielle du 25 janvier 1830 n'était pas intervenue sur un débat contradictoire devant le ministre qui l'a prise, et qu'ainsi notre ministre aurait pu rapporter cette décision sur la réclamation de la partie intéressée ;

» Art. 1er. La décision du ministre de l'intérieur, du 22 septembre 1830, est annulée.

» Art. 2. Les parties sont renvoyées devant le ministre du commerce et des travaux publics, pour être procédé à l'instruction du fond et statué ce qu'il appartiendra. »

Un arrêt du conseil du 13 août 1836 a repoussé le pourvoi de la commune de Grand-Combes en matière de classement.

Cette commune s'opposait au classement d'un chemin reconnu vicinal par le préfet et le ministre après l'accom plissement de toutes les formalités, en se fondant sur l'inutilité de ce chemin et sur les charges que lui imposerait sa mise en état. Le conseil a décidé que c'était une question purement administrative qui ne pouvait lui être soumise par la voie contentieuse.

Un arrêt du 22 février 1837, Frayssé, a déclaré avec raison un particulier non recevable à attaquer par la voie contentieuse une décision ministérielle approbative d'un arrêté de préfet, prononçant la suppression d'un chemin comme inutile et ordonnant la cession du terrain à des particuliers.

*Page 276, après la 8ᵉ ligne, ajoutez :*

Un particulier, une commune pourraient aussi provoquer du préfet la rectification du tableau par une demande, soit de classement, soit de réduction ou d'augmentation de largeur, de changement de direction ou de limites.

Le préfet serait certainement compétent pour faire droit à cette réclamation. Le conseil-d'état l'a ainsi jugé, le 23 décembre 1835.

Garnier avait construit sur la rivière d'Eure un pont aboutissant à un sentier communal en face de l'usine du sieur Dellier. Celui-ci avait prétendu d'abord à la propriété du sentier pour contester à Garnier le droit de construire son pont ; mais il a été reconnu qu'il était porté sur l'état des chemins vicinaux de la commune de Lèves. Sur la demande de Garnier, un arrêté du préfet, approuvé par le ministre de l'intérieur, rectifiant l'état primitif, a donné au sentier la largeur légale. Dellier s'est pourvu au conseil-d'état, qui a statué en ces termes :

« Considérant qu'aux termes des lois des 27 ventôse
an XIII et 28 juillet 1824, il appartenait au préfet de déclarer
la vicinalité du sentier dont il s'agit et d'en déterminer la
direction et les limites ; que c'est par erreur, ainsi qu'il est
expliqué dans l'arrêté du 12 novembre 1832, que la largeur
dudit sentier avait été indiquée comme d'un mètre seulement dans l'état des chemins et sentiers vicinaux de la commune de Lèves, approuvé le 7 mars 1826, et qu'il résulte de
l'instruction que, par l'arrêté du 12 novembre 1832, la
direction et les limites anciennes dudit sentier ont été
exactement reconnues et déterminées. »

*Après la 4ᵉ ligne de la page 302, ajoutez :*

L'art. 10 de la loi du 21 mai 1836 déclare imprescriptibles
les chemins vicinaux reconnus et maintenus comme tels. Nous
avons expliqué, dans notre commentaire sur cet article, le
sens et la portée de cette disposition, qui embrasse également les chemins de petite et de grande vicinalité ; nous y
renvoyons pour éviter d'inutiles répétitions. Nous ferons
seulement remarquer que nous ne pouvons partager l'opinion de M. Cotelle (*Cours de Droit administratif*), d'a-
près laquelle les chemins communaux qui servent au public
doivent, quoique non déclarés vicinaux, jouir du privilége
de l'imprescriptibilité. Les développemens dans lesquels
nous sommes entré à l'endroit cité ne nous semblent pas
laisser le moindre doute que ce privilége ne peut s'appliquer
qu'aux chemins régulièrement reconnus et maintenus vicinaux. Les autres, fussent-ils compris dans un état dressé
par la commune, ne sont pas dans le cas de profiter de
l'art. 10, tout exceptionnel, tout spécial pour les chemins
vicinaux proprement dits. La circulaire du ministre de l'in-

térieur du 16 novembre 1839, qui, d'après l'avis du conseil-d'état, engage les communes à dresser un état distinct
des chemins non vicinaux auxquels elle donne le nom de
chemins ruraux et qu'elle considère comme chemins publics
rentrant sous la juridiction des tribunaux de police quant
aux contraventions qui y sont commises, cette circulaire,
disons-nous, dont nous discuterons plus tard la doctrine,
ne dit pas un mot de l'imprescriptibilité de ces chemins
ruraux. Conséquemment l'art. 10 ne peut, d'après ses
termes et son esprit, leur être applicable.

*Page 316, après la 2e ligne, ajoutez*

L'art. 21 de la loi du 21 mai 1836 veut que le pr fet
fasse un règlement qui statue sur tout ce qui est relatif aux
plantations, ce qui comprend les arbres et les haies. Il s'ensuit qu'il peut autoriser les particuliers à planter sur le sol
des chemins vicinaux, mais non les communes à planter sur
la propriété des riverains ; nous ne pensons pas qu'il puisse
aller jusqu'à contraindre les particuliers à planter soit sur
leurs fonds, soit sur le sol des chemins.

Le règlement peut déterminer la distance entre la plantation effectuée par les riverains sur leurs héritages et la
voie publique, ainsi que la distance entre les plantations
faites par les communes sur cette voie et les terres riveraines, et l'espacement entre les arbres. Aucune limite
n'est apportée à l'exercice de ce pouvoir ( avis du conse l-
d'état du 9 mai 1838 et circulaire du ministre de l'intérieur
aux préfets du 10 octobre 1839 ). Ces dispositions ne peuvent avoir d'effet rétroactif. Les plantations faites ne pourraient donc être soumises à leur empire. Elles devraient

subsister jusqu'à dépérissement ou destruction par la volonté des propriétaires.

Le mode de l'élagage et de l'abattage des arbres, même
de ceux plantés sur le terrain des riverains, peut être déterminé par le règlement du préfet. Trois arrêts de la cour
de cassation du 26 juillet 1827 ont reconnu que les règlemens de l'administration relatifs à ces objets avaient une
force obligatoire.

*Page* 330, *après la* 6ᵉ *ligne, ajoutez :*

Nous avons déjà exprimé, dans notre commentaire sur
l'art. 3 de la loi du 21 mai 183., notre opinion sur la contribution à imposer pour le cas de diverses résidences successives ou de plusieurs établissemens ; nous devons ajouter ici quelques autres observations, afin de mieux faire
comprendre la portée de la loi.

Si le propriétaire a dans chacune de ses résidences un
établissement permanent en domestiques, voitures ou bêtes
de somme, de trait et de selle, il devra être imposé dans
chaque commune, et dans les limites de la loi, pour lui
personnellement et pour tout ce qui lui appartient dans
chacune ; car il est habitant pendant une partie de l'année,
il a un établissement, il paie des contributions sinon personnelle, au moins foncière ou des portes et fenêtres dans
chacune ; si, au contraire, ses domestiques, ses chevaux
et ses voitures passent avec lui temporairement d'une résidence à une autre, mais sans qu'il ait dans la seconde un
véritable établissement, il ne devra être imposé ni pour lui
ni pour ses moyens d'exploitation. Cette règle s'appliquerait au cas où un citoyen exploiterait plusieurs établissemens agricoles ou industriels, soit comme propriétaire,

soit comme régisseur, fermier ou colon partiaire ; si chacun
de ces établissemens est garni, d'une manière permanente,
de tout ce qui est nécessaire à son exploitation, la prestation est due, dans les limites de la loi, pour tout ce qui
sert à l'exploitation dans chaque commune ; si, au contraire, ainsi que cela a lieu dans un petit nombre de localités, le propriétaire, fermier, ou exploitant, quel qu'il
soit, transfère successivement ses moyens d'exploitation
d'un établissement dans un autre, il est évident qu'il ne
peut être imposé, pour ce fait, dans chacune des communes
où il travaille ou fait travailler temporairement : il y aurait
double emploi, puisque la loi ne lui impose que trois journées au plus pour chacun de ses moyens d'exploitation, et
qu'il se trouverait imposé pour six ou neuf journées s'il était
atteint simultanément dans chacun de ces deux ou trois établissemens. Dans ce cas, ce sera donc au lieu de son principal établissement, au lieu de sa résidence habituelle qu'il
sera imposé pour sa personne, s'il y a lieu, et pour ce qui
lui appartient.

*Page* 331, *après la* 4ᵉ *ligne, ajoutez :*

Une circulaire du ministre de l'intérieur aux préfets, en
date du 21 octobre 1836, contient la même solution ; on
y lit :

« Il est évident, en effet, que le contribuable qui aura
conduit ou fait conduire une charrette pendant trois journées pour le service des chemins vicinaux, aura, par le fait,
acquitté en même tems : 1° les trois journées qui lui sont
demandées pour sa charrette et pour l'attelage ; 2° et les
trois journées de travail d'homme. On a fait observer que
l'homme qui conduit une charrette ne travaille pas manuel-

lement à la réparation des chemins ; mais cette observation tombe d'elle-même : ce que la loi a voulu, c'est que tout contribuable valide pût être astreint à donner à la commune trois journées de son tems pour le service des chemins vicinaux. La loi n'a pas pu et n'a pas dû prescrire la manière dont seraient employées ces trois journées, et il suffit, je le répète, que leur emploi ait pour objet le service des chemins vicinaux. »

Une autre circulaire du ministre de l'intérieur, du 2 août 1837, établit que les habitans doivent fournir le conducteur nécessaire pour utiliser les chevaux et voitures, sauf à précompter, s'il y a possibilité, la journée du conducteur sur les journées d'homme qu'ils auraient à acquitter ; qu'ils ne seraient pas admis à prétendre se libérer en faisant simplement stationner ces chevaux et ces voitures sur un chemin vicinal, ou en les mettant à la disposition de l'autorité et lui délaissant le soin de les faire travailler.

Mais de ce que la journée du conducteur n'est pas une charge additionnelle à la prestation des chemins et des voitures, de ce que cette journée est seulement un accessoire éventuel, il s'ensuit aussi que lorsque le contribuable veut acquitter sa cote en argent, on ne doit plus comprendre, dans cette cote, la valeur de la journée du conducteur. Le contribuable doit avoir le droit de rédimer la journée de ses chevaux et de ses voitures, en payant seulement la valeur attribuée au travail de ces chevaux et voitures, considérés isolément, ou en d'autres termes, la représentation du loyer de ces objets.

Cette dernière circulaire contient, sur les tarifs à dresser par les conseils-généraux, beaucoup d'autres éclaircissemens qu'il serait trop long de rapporter.

*Page 332, après la 22ᵉ ligne, ajoutez :*

L'art. 14 de la loi de 1836 fait une innovation à celle de 1824, en ne soumettant les propriétaires ou industriels à la subvention qu'autant que le chemin est entretenu à l'état de viabilité. Nous nous sommes livré, pages 62 à 67, à des développemens étendus ; nous ajouterons ici que l'instruction de juin 1836 contient, à cet égard, les termes suivans :

« La première condition exigée par la loi, pour qu'une commune ait droit de prétendre à une indemnité pour raison de la dégradation extraordinaire d'un chemin vicinal, c'est que ce chemin soit entretenu par la commune à l'état de viabilité. Cette condition, omise dans l'art. 7 de la loi du 28 juillet 1824, est basée sur la plus rigoureuse équité ; il serait, en effet, souverainement injuste qu'une commune qui a depuis long-tems négligé de réparer un chemin, et l'a laissé dans un état complet de dégradation ; il serait injuste, dis-je, que cette commune vînt exiger que ce chemin fût réparé par un propriétaire ou exploitant d'usine, par ce seul motif qu'il est dans la nécessité de se servir de ce chemin.

» Pour que la commune ait droit à indemnité, il faut donc que le chemin soit entretenu à l'état de viabilité, et, dès lors, il y a nécessité pour la commune de faire, avant tout, reconnaître et constater l'état de viabilité du chemin. Cette reconnaissance doit être faite contradictoirement entre les parties intéressées ; elle doit être faite avant le commencement de l'exploitation, s'il s'agit d'une exploitation temporaire ; elle doit être faite au commencement de chaque année, s'il s'agit d'une exploitation permanente. A cet effet, le maire de la commune devra inviter, par écrit, le propriétaire ou l'exploitant selon le cas, à se rendre tel jour sur tel chemin, pour, contradictoirement avec lui, maire, reconnaître l'état de viabilité de ce chemin. L'invitation du maire devra être portée par le garde-champêtre, qui en tirera un reçu ou dressera procès-verbal de la remise. S'il s'agit de l'exploitation d'une forêt appartenant à l'état ou à la couronne, l'invitation du maire devra être adressée à l'agent forestier local qui en référera à son chef immédiat, s'il y a lieu.

» Le maire et l'autre partie intéressée étant rendus sur les lieux, l'état du chemin sera reconnu, et si les parties sont d'accord, il en sera dressé un procès-verbal en double, lequel sera dûment signé. Cet acte sera la base des droits de la commune pour le règlement ultérieur des indemnités qu'elle pourra réclamer.

» Si dans cette visite des lieux, ainsi faite à l'amiable, on ne peut tomber d'accord sur l'état de viabilité du chemin, ou bien si la partie intéressée, dûment convoquée par le maire, ainsi qu'il a été dit plus haut, ne se rend pas à son invitation, il y aura alors nécessité de faire constater l'état du chemin au moyen d'une expertise faite dans toutes les formes légales. A cet effet, le maire rendra compte au sous-préfet du non-succès de ses premières démarches ; le sous-préfet nommera un expert, aux termes de l'art. 17 ; il invitera le propriétaire, ou l'exploitant, ou l'officier forestier local, selon le cas, à nommer son expert, et il sera procédé par les deux experts à la reconnaissance contradictoire de l'état des lieux. En cas de discord entre les experts, il vous en serait référé, et vous provoqueriez près du conseil de préfecture la nomination d'un tiers expert ; il faut

aussi prévoir le cas où la partie intéressée refuserait ou né-
gligerait d'obtempérer à l'invitation du sous-préfet de nommer son expert. Comme alors l'opération se trouverait ar-
rêtée, ce que la loi ne peut vouloir, il y aurait lieu, par le
sous-préfet, de nommer le second expert, après que le refus ou la négligence aurait été constaté.

» Dans tous les cas, le rapport des experts établirait légalement l'état du chemin et servirait de titre à la commune pour le règlement de l'indemnité qu'elle réclamera.

» Il est inutile, sans doute, de dire qu'un chemin qui
n'aurait pas été légalement déclaré vicinal, ne donnerait
pas ouverture à une indemnité.

» Je vous ai dit plus haut que l'état de viabilité du chemin devait, pour donner ouverture à la demande d'indemnité, être constaté par une reconnaissance faite à l'amiable, ou, en cas de difficultés, par une expertise contradictoire. Le procès-verbal de cette première opération sera la
base qui devra servir aux experts qui auront à établir l'appréciation de la dégradation qu'il est juste d'attribuer à
l'exploitation. L'expertise dont il s'agit ici doit se faire à
la fin de l'exploitation, si cette exploitation est temporaire ;
elle doit se faire à la fin de l'année, si cette exploitation est
habituelle. Comme en tout autre matière, d'ailleurs, les
rapports des experts ne lient pas les conseils de préfecture ;
ils y trouveront d'utiles indications, mais ils ne seront pas
tenus de les suivre. »

Nous ne pensons pas, comme la circulaire, qu'en cas de
refus par l'adversaire de la commune de nommer son expert, le sous-préfet puisse le désigner. Il nous semble, au
contraire, que le conseil de préfecture, qui est juge du
fond, doit aussi faire cette désignation.

*Page 334, après la 13e ligne, ajoutez :*

Le droit accordé aux communes de faire taxer les propriétaires et entrepreneurs d'établissemens qui dégradent les chemins, à des subventions particulières pour la réparation desdits chemins, n'est pas restreint au cas où les ressources des communes seraient épuisées ; par cela seul que ces propriétaires ou entrepreneurs, en usant des chemins, leur causent une dégradation particulière, ils sont tenus de contribuer aux réparations en proportion de cette détérioration (arr. cons., 25 août 1835), indépendamment de leur contribution ordinaire pour mettre le chemin en état de viabilité.

*Page 335, après le 3e alinéa, ajoutez :*

Lorsqu'un chemin vicinal est dégradé par l'exploitation d'une forêt de l'état, l'administration forestière est tenue de subvenir aux frais de réparation ; elle n'est pas fondée, dans le cas où le chemin est ainsi dégradé par son fait, à réclamer l'application de l'art. 8 de la loi du 28 juillet 1824, qui établit une contribution et non une subvention. ( Arrêt du conseil, du 21 octobre 1835. )

Ce même arrêt décide, en outre, contrairement à l'instruction du 10 avril 1827, et à un arrêt du 25 novembre 1831, que la commune avait pu réclamer la subvention de l'état, sauf à celui-ci son recours contre les adjudicataires des coupes, dont l'exploitation a dégradé les chemins. Mais nous persistons à penser que la commune n'avait d'action que contre les adjudicataires. Au surplus, notre opinion ne peut plus être contestée aujourd'hui, que l'art. 14 de la nouvelle loi sur les chemins vicinaux la sanctionne définitivement.

Toutefois, des particuliers qui porteraient des laines à une filature, des draps à un moulin à foulon, des grains à un moulin à blé pour faire donner à ces matières diverses la préparation et le travail nécessaires ne seraient point passibles de la subvention qui devrait être supportée par le propriétaire de la filature ou des moulins, car ce serait dans l'intérêt de son industrie et à son profit que les transports et les dégradations auraient lieu ; et ce serait contre lui que la commune devrait diriger son action ; elle n'aurait pas même le choix entre le propriétaire et les particuliers exécutant les transports. Ceux-ci sont affranchis d'une manière absolue de la subvention, puisqu'ils ne possèdent pas l'entreprise industrielle ; le propriétaire de cette entreprise n'a conséquemment aucun recours contre eux, en vertu de la loi seule. Il faudrait, pour qu'il eût ce recours, qu'il fût intervenu des conventions contraires.

Il faut en dire autant de ceux qui iraient chercher dans une mine, dans une carrière ou forêt quelques produits de peu de valeur, lors même qu'ils les extrairaient de la terre ou les couperaient dans le bois.

Nous renvoyons, au surplus, à ce que nous avons dit, p. 70, 71.

Nous ajouterons qu'il appartiendra toujours à l'autorité administrative de décider s'il y a ou non des exploitations ou des entrepreneurs proprement dits.

Du reste, la subvention doit être réglée annuellement sans que les conseils de préfecture puissent, même dans la prévision de dégradations futures, déterminer pour l'avenir la subvention à payer pour l'entretien d'un chemin vicinal. La loi du 21 mai 1836 est formelle à cet égard. Plusieurs arrêts du conseil, notamment celui du 6 mai 1836, l'avaient déjà ainsi jugé avant sa promulgation. Il en est de la subvention comme de la prestation ; l'une et l'autre doivent être fixées et employées chaque année.

*Page* 346, *après le* 1<sup>er</sup> *alinéa, ajoutez :*

Des arrêts du conseil des 3 janvier 1834, 20 février, 26 août 1835, 28 mars 1838 et 2 mars 1839 ont nettement décidé la question dans un sens opposé à notre opinion ; il faut bien se soumettre à une jurisprudence établie par un si grand nombre de décisions ; la lutte serait désormais imprudente et ne ferait qu'occasioner des frais en pure perte. (*Voy.* aussi 17 décembre 1841.)

Toutefois, et jusqu'à ce qu'il intervienne une loi qui nous paraît indispensable pour régler cet objet, nous croyons pouvoir persister dans notre opinion.

On ne pourrait citer encore, pour nous combattre, divers arrêts de la cour de cassation rendus sur notre plaidoirie, le 17 mars 1838 ; car, dans l'espèce des uns, il s'agissait du comblement d'excavations faites dans une rue non pavée. Un arrêté administratif avait obligé les riverains à les réparer, en se fondant sur la nécessité de rétablir la commodité et la sûreté de la voie publique. Dans l'espèce de l'affaire de Mondenard de Roquelaure, il s'agissait bien à la vérité du premier pavage que le juge de police n'avait pas voulu mettre à la charge des riverains ; le pourvoi a été rejeté, mais par des moyens de forme, et l'on peut dire que la question de l'obligation pour les riverains de faire les frais du premier établissement du pavé est restée entière.

*Page* 359, *après le* 3ᵉ *alinéa, ajoutez :*

Un arrêt de la cour de cassation, chambres réunies, du 10 mai 1834, a décidé que le propriétaire qui, sans autorisation, avait reconstruit entièrement la jambe étrière, formant la mitoyenneté entre sa maison sujette à retranchement et la maison voisine, et qui, par ce fait, avait consolidé son mur de face sur rue, contrairement à un arrêté du maire, avait dû être condamné, non-seulement à l'amende, mais encore à la démolition, et n'avait pu être dispensé de cette seconde peine, sous prétexte que l'arrêté du maire n'était pas obligatoire parce qu'il n'existait pas encore, pour la ville de Chartres, de plan d'alignement approuvé en conseil-d'état.

*Page* 360, *après la* 3ᵉ *ligne, ajoutez :*

Aussi, la question s'étant de nouveau présentée à la cour de cassation, en chambres réunies, y a reçu, le 24 novembre 1837, une solution conforme à notre opinion. L'arrêt juge que la désignation, dans un plan d'alignement d'une ville, approuvé par ordonnance royale, de terrains qui doivent faire partie d'une rue projetée ou servir à son prolongement, mais ne joignant pas la voie publique actuelle, ne fait pas obstacle à ce que le propriétaire de ces terrains puisse, tant qu'il n'aura pas été préalablement exproprié et indemnisé, élever des constructions sur ces terrains sans se munir d'une autorisation préalable.

La chambre criminelle de la cour de cassation avait rendu, le 4 octobre 1834, un arrêt qui n'est pas contraire, puisque le mur de face donnant sur *rue* avait été démoli. Un particulier ayant besoin de reconstruire

sa maison, donnant sur une rue de Rouen, demanda et ob-
tint alignement qui l'obligeait à rentrer ou reculer sa bâ-
tisse. Il s'y conforma; mais, plus tard, il fit quelques lé-
gers travaux sur la partie de terrain laissée vacante. La cour
a jugé que, dès qu'il avait reculé, le terrain délaissé avait
été incorporé à la voie publique, et qu'il avait cessé d'en
pouvoir disposer, quoiqu'il ne lui eût pas été payé.

Ainsi, il résulte de la jurisprudence 1° que, lorsqu'il
s'agit de nouvelles rues projetées, le propriétaire des maisons ou terrains destinés à les former y peut faire des constructions et réparations, sans autorisation, tant qu'il n'a
pas été dépossédé et indemnisé; 2° qu'il peut en faire
aussi dans la partie destinée à agrandir la voie publique
existante, sans consolider le mur de face, et à la condition
de les détruire, quand ce mur tombera, et de ne pouvoir
rien exécuter dans cette partie retranchable, quand il est
tombé.

Un arrêt du conseil, du 14 juin 1837, Forgeron et Hu-
bert, un autre du 30 décembre 1841, Gogois, viennent
encore appuyer les principes par nous développés. On lit
dans le premier :

« Considérant qu'aucune loi ne défend aux propriétaires
des maisons sujettes à reculement de faire des travaux dans
l'intérieur desdites maisons, même sur la partie retranchable, pourvu que ces travaux n'aient pas pour effet de re-
conforter le mur de face; que, dès lors, le sieur Forgeron
pouvait exécuter les travaux intérieurs sans autorisation
préalable; mais, en ce cas, à ses risques et périls, et sauf
le droit qui appartient toujours à l'administration, de véri-
fier si lesdits travaux ont été confortatifs du mur de face,
d'en poursuivre, s'il y a lieu, la démolition et d'ordonner

la destruction de tous les ouvrages compris dans la partie retranchable, dans le cas où le mur de face viendrait à tomber ou à compromettre la sûreté de la voie publique ; que, dans l'espèce, le nouveau bâtiment se relie solidement aux parties latérales et au mur de face, et prête à ce dernier un appui qu'il n'avait pas auparavant. »

On peut voir encore, sur des questions analogues, les arrêts de la cour de cassation, des 2 août 1839, 17 janvier et 16 juillet 1840, et p. 134 de ce *Supplément.*

*Page* 367, *après la* 5e *ligne, ajoutez :*

L'art. 21 de la loi de 1836 prescrit bien la confection d'un règlement par le préfet dans l'année de sa promulgation. pour statuer sur tout ce qui est relatif aux alignemens, aux plantations, aux autorisations de construire le long des chemins vicinaux ; mais, d'une part. il est évident que cette disposition, comme la loi entière dont elle fait partie, ne s'applique point aux rues et places de l'intérieur des villages ou bourgs. ainsi que l'a d'ailleurs expressément déclaré M. le ministre de l'intérieur dans son instruction, et d'autre part, que le préfet peut avoir omis. même à dessein. de statuer sur les alignemens des chemins. Les rues et places de l'intérieur des bourgs et villages restent donc soumises aux lois et règlemens de police ordinaire.

*Page* 378, *après la* 3e *ligne, ajoutez ce qui suit :*

Le même principe a été consacré de nouveau par arrêt du conseil, du 25 juillet 1834, rendu dans l'espèce suivante :

Il s'agissait d'un alignement donné au sieur Pivain. propriétaire d'une maison à Pont-Audemer, rue de la Brasserie, et d'après lequel il devait avancer sur ladite rue. Les da

mes Gressent et Deshaies, propriétaires de maisons contiguës, contestaient cet alignement, par le motif que leurs
bâtimens se trouvaient reculés dans un impasse, et elles
prétendaient que la concession du terrain devait leur être
faite de préférence au sieur Pivain ; que, d'ailleurs, il s'a-
gissait d'une petite place qui ne pouvait être restreinte aux
termes mêmes de l'acte de vente nationale, consentie à leur
auteur. La réclamation ayant été rejetée par le ministre de
l'intérieur, les dames Gressent et Deshaies se sont pour-
vues au conseil-d'état. Leur adversaire leur a opposé qu'il
s'agissait d'une mesure purement administrative, qui n'était
pas susceptible d'être attaquée par la voie contentieuse.

Sur ce, arrêt ainsi conçu :

« Considérant que l'arrêté du maire de la ville de Pont-
Audemer n'a pas pour objet un alignement spécial et limité
à une seule propriété, mais qu'il embrasse nécessairement
plusieurs maisons contiguës ; qu'il doit donner lieu à une
acquisition de terrains de la part des propriétaires de ces
maisons, conformément à l'art. 53 de la loi du 16 septembre 1807, et a été l'objet de plusieurs contestations; considérant que, dans cet état de choses, il y avait lieu à l'application de l'art. 52 de la même loi, par l'exécution, soit
d'un plan général, soit d'un plan partiel, relatif à la portion
sujette à un nouvel alignement, et que l'homologation du
plan, ainsi que l'examen des oppositions et contestations,
ne pouvaient avoir lieu que par devant nous, en notre conseil-d'état, sur le rapport de notre ministre de l'intérieur.

» Art. 1er. Les décisions de notre ministre du commerce
et des travaux publics, des 7 janvier et 30 avril 1832, sont
annulées.

» Art. 2. Les parties sont renvoyées devant notre ministre de l'intérieur, pour, sur son rapport, et conformément à l'art. 52 de la loi du 16 septembre 1807, être statué par nous en notre conseil-d'état, ce qu'il appartiendra. »

A plus forte raison, doit-on procéder de même, lorsqu'il s'agit d'un nouveau plan général d'alignement, par suite duquel une nouvelle place doit être établie aux dépens de la propriété d'un particulier. (Arrêt du conseil, du 10 septembre 1835, entre la ville de Bordeaux et le sieur Fabre de Riennegre. Autre arrêt du 4 novembre 1836.)

*Page 405, après la 5ᵉ ligne, ajoutez :*

Des arrêts du conseil, des 23 juillet 1838 et 2 septembre 1840, décident que les conseils de préfecture sont compétens pour réprimer les usurpations commises sur les chemins vicinaux, et que l'amende applicable à ces contraventions doit être prononcée par les tribunaux de police. Une circulaire du ministre de l'intérieur, en date du 11 mai 1839, en adressant la première décision aux préfets, les engage à s'y conformer, et rappelle les règles de compétence déjà exposées dans l'instruction du mois de juin 1836, d'après laquelle les conseils de préfecture connaissent du fait d'usurpation exclusivement, de quelque manière qu'il ait eu lieu, et les tribunaux de police de tous les autres.

D'un autre côté, des arrêts de la chambre criminelle de la cour de cassation, des 2 mars 1837, 8 février 1840, 10 septembre et 5 novembre 1841, ont expressément décidé que tous les faits de dégradations, d'usurpations par plantations ou autrement, et les dépôts ou embarras sur les chemins publics, même de grande communication, sont de la compétence exclusive des tribunaux de police, aux termes de l'art. 479, n° 11, du Code pénal rectifié, et de l'article 21 de la loi de 1836, qui ont abrogé la loi de l'an XIII.

Il serait à désirer que le pouvoir législatif intervînt, pour faire cesser ce conflit entre les deux grands corps de l'état. Jusque-là, nous donnons la préférence à la jurisprudence de la cour de cassation, par les motifs que nous avons développés dans notre commentaire, sur l'art. 22 de la loi de 1836, auquel nous renvoyons.

La circulaire du 16 novembre 1839 a créé une autre classe de chemins à laquelle elle donne le nom de chemins ruraux ; elle a aussi créé toute une législation applicable à cette catégorie.

Elle veut que les maires dressent un état général des chemins de leurs communes, et même des simples sentiers autres que les rues et chemins vicinaux ; que les conseils municipaux donnent leur avis et les préfets leur approbation, à moins qu'il ne s'élève des questions de propriété, qui ont un effet suspensif ; que les réparations de ces chemins soient faites sans pouvoir recourir aux moyens énoncés dans la loi de 1836.

Enfin, la circulaire indique que les anticipations ou dégradations commises sur ces chemins sont des contraventions de la compétence de la police municipale.

Nous doutons fort que cette circulaire soit sur le dernier point dans les vrais principes, et que la cour de cassation, qui reconnaît la compétence des juges de police pour réprimer les atteintes portées aux chemins vicinaux, l'admette aussi pour les chemins ruraux.

La loi du 24 août 1790, dont s'appuie le ministre, ne parle que des rues, places et voies publiques ; les chemins n'y sont pas compris.

La loi de 1791 et le Code pénal parlent bien de chemins publics, mais ils n'entendent par là que les chemins déclarés vicinaux, ainsi que la cour de cassation l'a décidé par l'arrêt du 17 février 1841.

Les autres chemins n'ayant pas la même importance, le même intérêt, ne peuvent être soumis au même régime ; et les atteintes dont ils sont l'objet ne nous semblent pouvoir être réprimées que par les tribunaux civils, à moins que ces chemins ne soient dans l'intérieur des communes, parce qu'alors ils forment des rues qui sont connues sous le nom de voies publiques.

Nous croyons même qu'aujourd'hui il suffirait, pour que ni les tribunaux de police, ni les conseils de préfecture ne fussent compétens, que le chemin ne fût pas classé au moment de la contravention ; qu'une déclaration de vicinalité postérieure, quoique faisant remonter la publicité du chemin à une époque antérieure, n'aurait pas pour effet de faire cesser la compétence des tribunaux civils. Il faut donc considérer comme changée l'ancienne jurisprudence, expliquée pages 407 et suivantes de notre *Traité des Chemins*. Cela nous semble même résulter d'un arrêt du conseil, du 2 janvier 1838.

*Page 413, après le 2ᵉ alinéa, ajoutez :*

Ces principes ont été de nouveau consacrés par deux décisions du conseil-d'état, des 28 mai et 23 décembre 1835, dans des espèces remarquables.

Dans la première, un chemin était porté sur le tableau par son nom, sans indication de largeur, de limites ni d'emplacement. Il était même énoncé qu'il pouvait paraître inutile. Néanmoins, le conseil de préfecture avait condamné le sieur Dutoya à détruire des travaux qui , suivant la commune de Langoiran , constituaient une anticipation.

Sur le recours au conseil-d'état, il a été prononcé en ces termes : « Considérant que, si le chemin de Langoiran au hameau du Pin est compris dans l'état de classement des chemins vicinaux de la commune, la direction et la largeur dudit chemin n'ont pas été déterminées , et que, dès lors, il y a lieu, avant de prononcer sur les anticipations qui auraient pu être commises par le sieur Dutoya sur le sol dudit chemin, de faire rechercher et reconnaître ses limites par le préfet de la Gironde ;

» Il est sursis à statuer sur les dispositions de l'arrêté attaqué du conseil de préfecture , relatives aux travaux exécutés le long du chemin de Langoiran, au hameau du Pin, jusqu'à ce que le préfet de la Gironde ait fait rechercher et reconnaître les anciennes limites dudit chemin, conformément à l'art. 6 de la loi du 9 vent se an XIII. »

Dans la deuxième espèce, le préfet avait seulement déterminé la largeur du chemin ; le conseil-d'état a prononcé comme il suit :

« Considérant que, par un arrêté en date du 29 avril 1811, le préfet du département de la Charente avait déclaré la vicinalité du chemin dont il s'agit, et en avait fixé pour l'avenir la largeur à 5 mètres ; que, dès lors, le conseil de préfecture était compétent pour réprimer les anticipations commises sur ledit chemin et pour ordonner l'enlèvement des constructions qui seraient faites dans ses limites et sur son emplacement ; mais que, par son arrêté précité, le préfet n'a déterminé d'une manière précise, ni les anciennes limites du chemin au point litigieux, ni l'emplacement qu'il devait occuper à l'avenir, et que, dès lors, il y a lieu de surseoir à statuer jusqu'à ce qu'il ait été procédé par le préfet à cette détermination.

» Art. 1<sup>er</sup>. Il est sursis à statuer jusqu'à ce que le préfet du département de la Charente ait déterminé d'une manière précise la direction et les limites : 1° de l'ancien chemin, tel que le public en jouissait avant l'arrêté du 29 avril 1811 ; 2° du même chemin, avec la largeur de 5 mètres à lui attribuée par ledit arrêté. »

Par arrêt du 6 février 1837, Robert, le conseil-d'état a annulé un arrêté du conseil de préfecture qui avait statué sur une anticipation commise sur un chemin qui n'avait été déclaré vicinal que depuis cette décision ; et quoique la déclaration régulière de vicinalité existât depuis long-tems au moment où le conseil-d'état rendait son arrêt, il n'en a pas moins renvoyé devant le conseil de préfecture, pour être procédé de nouveau au jugement du fond.

L'action à fin de répression d'une usurpation commise sur des chemins vicinaux n'est pas soumise à la prescription annale. Le principe consacré en matière de grande voirie est applicable ici. (Arrêt du conseil du 4 septembre 1841.)

*Page 414, après la 9<sup>e</sup> ligne, ajoutez :*

Un arrêt du conseil du 5 juin 1838, Nicolas, a décidé que le riverain d'un chemin ne pouvait être poursuivi à raison d'une plantation d'arbres faite avant l'arrêté de classement, mais qui laissait au chemin la largeur qu'il avait lorsqu'elle fut effectuée ;

Que, quant aux plantations faites postérieurement à l'arrêté de classement d'après lequel la largeur du chemin devait être augmentée, la poursuite était bien fondée, quoique l'ancienne largeur eût été respectée, que la nouvelle n'eût pas encore été mise à exécution, qu'aucune indemnité n'eût été payée. Le conseil a ainsi posé en principe que, du jour de l'arrêté de classement, la partie de terrain qui devait être ajoutée à la voie publique était frappée de la servitude *non œdificandi*.

*Page 415, à la fin, ajoutez :*

Mais l'art. 11 de la loi du 21 mai 1836 n'assujettissant pas les procès-verbaux constatant des délits commis sur les chemins vicinaux à la formalité de l'affirmation, les agens qui les rédigent peuvent s'en abstenir, sans qu'il y ait nullité. (Arrêt de la cour de cassation, des 5 janvier et 23 février 1838.)

D'un autre côté, les agens voyers nommés par le préfet pour la conservation des chemins vicinaux, n'ont pas qualité pour dresser des procès-verbaux de contravention commise sur une rue de l'intérieur d'une commune. (Arr. cass., 23 janvier 1841.)

*Page 424, après la 3ᵉ ligne, ajoutez :*

Lorsqu'un particulier prétend avoir des droits à la propriété d'un chemin, non en vertu d'un partage administratif, mais par l'effet d'un échange qu'il soutient avoir été convenu et exécuté entre lui et le maire de la commune, la question relative à la validité et à la régularité dudit échange est du ressort des tribunaux. Les conseils de préfecture ne peuvent le déclarer nul, sous prétexte qu'il n'a pas été fait dans les formes légales: ils peuvent seulement réprimer l'usurpation, si le chemin est classé régulièrement. (Arrêt du conseil du 28 mai 1835.)

*Page 429, après la 4e ligne, ajoutez :*

Le même principe a été consacré plus récemment, par arrêt du conseil du 21 février 1834, dans une espèce où le préfet n'avait déclaré la vicinalité du chemin que depuis l'instance portée devant les tribunaux.

Le conseil, en accueillant le conflit, a annulé la partie du jugement qui ôtait la possession du chemin à la commune, et décidé qu'il n'avait pu prononcer que sur la propriété.

*Page 434, après la 20e ligne, ajoutez :*

Un arrêt du conseil du 5 septembre 1836, rendu sur le pourvoi du sieur de Lapeyrade, contrarie cette doctrine et cette jurisprudence; mais nous ne saurions admettre sa décision qui est en opposition avec toutes les autorités citées, avec un arrêt de la cour de cassation du 12 février 1834, très-positif, que nous rapportons page 554 de notre *Traité des Chemins*, et avec un autre arrêt du 17 février 1841.

Au surplus, d'après la nouvelle loi sur les attributions municipales, la question ne peut plus faire difficulté aujourd'hui, et doit être résolue dans un sens conforme à notre opinion.

*Page 453, après la 9e ligne, ajoutez :*

L'art. 44 de la loi du 6 octobre 1790, qui défendait d'une manière générale l'enlèvement des terres et matériaux destinés aux chemins publics, a été abrogé par le paragraphe 12 de l'art. 474 du Code pénal, qui ne défend plus que l'enlèvement des terres et matériaux appartenant aux communes. (Arrêt de la cour de cassation, du 10 novembre 1837.)

L'enlèvement de terres déposées par les eaux sur un chemin public n'est pas une contravention, lorsque, loin de dégrader ce chemin, le fait imputé le rétablit dans son ancien état, et qu'un usage général paraît l'autoriser. (Arrêt de la cour de cassation, du 2 décembre 1837.)

Un arrêt, rendu par la cour de cassation le 17 novembre 1838, a décidé que le n° 12 de l'art. 479 du Code pénal, qui range au nombre des contraventions de police le fait d'enlever les terres, pierres, gazons des chemins publics ou lieux appartenant aux communes, comprend l'enlèvement de terres et pierres d'une rue de l'intérieur d'un village ; ce qui s'appliquerait également, sans doute, à une rue ou place de l'intérieur d'une ville.

Nous ne pouvons admettre ce principe. Les mots *chemins publics* n'ont jamais désigné que les chemins extérieurs aux villes, bourgs et villages, et, en matière pénale, le texte ne peut être étendu d'un cas à un autre par analogie.

Déjà un arrêt du 19 mars 1836, affaire Labille, avait considéré, comme contravention de police, le fait d'enlèvement de pierres sur une place publique ; mais la question ne fut alors ni agitée ni jugée. Il ne peut donc tirer à conséquence.

L'arrêt du 17 novembre 1838 considère, en outre, comme contravention le fait d'un propriétaire riverain qui, pour rendre une rue de village commode et praticable, a nivelé les lieux, fait disparaître des terres et des pierres, et en a placé d'autres à grands frais. Il était bien reconnu qu'il avait considérablement amélioré la voie publique. Il n'en a pas moins été condamné. Je ne puis voir là une saine interprétation de la loi.

*Page* 456 , *après la* 25ᵉ *ligne , ajoutez* :

Cependant, le conseil-d'état, comme nous l'avons vu dans la première partie, use souvent d'indulgence; et, lorsqu'il n'y a pas anticipation, dégradation ou consolidation, que tout se réduit à un défaut d'autorisation préalable d'exécuter les travaux qui eussent été permis, il les laisse subsister, en se bornant à prononcer une amende; mais les tribunaux ordinaires ne peuvent pas en agir de même, et sont obligés d'appliquer les deux peines d'amende et de démolition cumulativement, parce que les lois et règlemens les prononcent pour le seul fait de construction non autorisée.

C'est ce qu'a décidé la cour de cassation par plusieurs arrêts, et notamment par celui du 25 juin 1836, rendu sur le pourvoi du ministère public contre Kœchlin-Dolfus.

Il a encore été jugé par la même cour, le 16 avril 1836, que les arrêtés de l'autorité municipale, concernant les alignemens de la petite voirie, étant définitifs pour celui qui les a obtenus, s'ils n'ont pas été modifiés ou réformés avant leur exécution par l'administration supérieure, il s'ensuit que si un maire a donné un alignement, et que le préfet le réforme après que le bâtiment dont il s'agit a été entièrement terminé, la démolition des constructions exécutées ne peut plus être ordonnée. Mais ce principe ne serait pas admis par l'administration.

*Page* 471 , *après le* 2ᵉ *alinéa et la ligne* 21 , *ajoutez :*

Lorsqu'un particulier , poursuivi devant un tribunal de police pour avoir exécuté des travaux confortatifs, soutient qu'ils ne le sont pas, ce tribunal, qui, ainsi que

nous l'avons déjà dit, page 135 de ce supplément, n'est pas
compétent pour apprécier cette exception, doit surseoir
à statuer sur la contravention jusqu'à ce que l'autorité
administrative se soit expliquée sur la nature des travaux.
(Arrêt de la cour de cassation, du 28 septembre 1838.)

*Page 472, après le 3ᵉ alinéa, ajoutez ce qui suit :*

La dégradation d'un chemin public, provenant du fait
d'y avoir déversé les eaux d'un ruisseau, pour arroser des
prairies situées au delà de ce chemin, constitue la contravention prévue et punie par le nᵒ 11 de l'art. 479 du
Code pénal, sans que son auteur puisse s'excuser par la
possession où il est d'en user ainsi de tems immémorial.
C'est ce qu'a jugé avec raison la chambre criminelle de la
cour de cassation, par arrêt du 3 octobre 1835.

*Page 473, après le 2ᵉ alinéa, ajoutez :*

L'obligation d'éclairer les matériaux déposés dans une
rue, ne pourrait cesser qu'en présence d'une force majeure. Toute autre excuse ne serait pas admise; la chambre criminelle de la cour de cassation a annulé, le 12 juillet 1838, un jugement de police qui avait renvoyé un contrevenant de la poursuite du ministère public, sous prétexte que les matériaux étaient d'abord éclairés; que plus
tard la lumière s'était éteinte, que le tems était très-mau-
vais, et qu'un charivari avait eu lieu devant une maison
voisine.

*Page 474, après le 3ᵉ alinéa et la 16ᵉ ligne, ajoutez :*

L'art. 475, nᵒ 12, du Code pénal, range au nombre des
contraventions de police le fait d'avoir laissé passer des

chevaux sur un terrain ensemencé. La loi du 28 pluviôse an VIII attribue aux conseils **de** préfecture la connaissance des demandes en indemnités pour dommages provenant du fait personnel des entrepreneurs de travaux publics. Nous avons dit plus haut, page 70 de ce supplément, que le dommage causé par un entrepreneur de travaux publics par un fait que l'administration n'avait pas autorisé, était un attentat à la propriété, une contravention de la compétence des tribunaux ordinaires. La cour de cassation a consacré ces principes par deux arrêts cités à l'endroit ci-dessus indiqué et par un troisième du 3 août 1837, rendu dans une espèce où l'entrepreneur des travaux d'une route royale avait passé avec une voiture attelée de deux chevaux et chargée de cailloux destinés à l'entretien de cette route, sans que le cahier des charges ou tout autre acte autorisât ce passage.

L'arrêt du 3 août 1837 casse le jugement qui était attaqué par le motif qu'il s'agissait d'une contravention de la compétence des tribunaux de police, dès que l'entrepreneur n'avait pas l'autorisation de passer.

*Page 476, après la 27ᵉ ligne, ajoutez :*

Deux arrêts de la cour de cassation, l'un de la chambre civile, du 26 août 1829, rendu sur le pourvoi de M. de Radepont, l'autre émané de la chambre des requêtes du 30 mars 1836, sur le pourvoi de M. Pécuchet, semblent contrarier cette doctrine.

Dans l'espèce du premier, M. de Radepont réclamait la maintenue en possession d'un terrain qu'il soutenait être une avenue conduisant à son habitation et lui appartenant, comme accessoire de celle-ci. A l'appui de son action, il n'invoquait que le fait de passage.

Dans l'espèce du second, la commune de Hantot-le-Vattois se prétendait propriétaire d'un sentier de trois pieds de largeur traversant les propriétés de M. Pécuchet ; elle n'invoquait d'autre fait que celui du passage par cette sente de la part des habitans d'un hameau ; mais elle ne l'avait jamais entretenu, n'y avait exercé aucun acte de surveillance ou de police. Bien plus, le sentier avait été souvent labouré, ensemencé par M. Pécuchet.

Dans ces deux affaires, les demandeurs, quoique n'alléguant que des faits constitutifs d'une simple servitude discontinue, revendiquaient le terrain en litige, à titre de propriété. Nous disions, pour les défendeurs, que ce n'était pas à la qualification donnée par les réclamans au droit qu'ils voulaient se faire adjuger, qu'on devait s'attacher ; mais à la nature réelle de ce droit, telle que le constituaient les faits mêmes articulés et prouvés ; qu'en effet, s'agissant de possession qui est toute en faits, on ne devait prendre en considération que les circonstances matérielles ; qu'une doctrine contraire entraînerait les plus graves abus, en ce que celui qui n'aurait qu'un droit de servitude se garderait bien de l'avouer et ne manquerait jamais, pour éluder la loi qui défend d'établir par la possession les servitudes discontinues, d'alléguer une prétendue propriété ; qu'il arriverait ainsi à se faire accorder, en violant tous les principes, la pleine propriété d'un terrain sur lequel la loi lui refusait l'exercice d'une simple servitude.

Mais ces moyens n'eurent aucun succès, et la cour se fonda, pour les repousser, sur ce que les demandeurs réclamaient , non à titre de servitude , mais à titre de propriété.

Nous ne pouvons nous rendre à cette raison , qui nous paraît beaucoup trop vague, et contraire au texte ainsi qu'à l'esprit de nos lois.

Nous concevons bien que les cours royales puissent , en se fondant sur des circonstances particulières de localités , ou sur d'autres considérations puissantes et positives , adjuger la propriété d'un terrain à celui qui n'a d'autre fait de possession à invoquer qu'un passage constant , habituel , exclusif, parce qu'alors ce n'est pas seulement sur la possession qu'elles s'appuient ; nous admettons qu'alors la cour régulatrice ne puisse réviser leurs décisions plutôt de fait que de droit ; mais d'une part , nous n'avons pas découvert dans les espèces ci-dessus rapportées ces circonstances graves et spéciales qui eussent été indispensables, et de l'autre, les arrêts de la cour de cassation sont fondés, non sur des circonstances de cette nature , mais sur la qualification que les demandeurs avaient eu soin de donner au droit par eux revendiqué. C'est dans l'énonciation de ce motif que nous voyons l'erreur contre laquelle nous nous élevons.

Mais le fait de passage suffirait pour autoriser une action en faveur de l'habitant , s'il avait eu lieu sur une chose commune à tous , parce qu'alors ce serait le mode de jouissance d'une propriété appartenant aux habitans en général. (Arrêt de la cour de cassation , du 23 mai 1836).

*Page 483 , avant la dernière ligne , ajoutez :*

Deux arrêts, l'un de la cour de Toulouse, du 1 , janvier 1825 (Dalloz, 1825, 2ᵉ partie , page 108) ; l'autre de la cour de Bordeaux , du 15 janvier 1835 (même recueil ,

1836, 2ᵉ partie, page 64) , ont décidé que l'existence d'un chemin de halage limitrophe à une propriété privée, bordée de trois autres côtés par des héritages particuliers, n'empêchait pas que la première ne fût enclavée, et que son possesseur n'eût le droit de réclamer l'application de l'art. 682, Code civil. On ne peut pas dire qu'il y a issue sur la voie publique. Le chemin de halage n'est qu'une servitude qui laisse la propriété du fonds aux riverains ; c'est même une servitude toute spéciale pour le service de la navigation et du flottage. Elle ne peut être employée à un autre usage. (*Voyez* notre nouvelle édition du *Régime des Eaux.*)

*Page 486, après la 2ᵉ ligne, ajoutez :*

Ces principes ont encore été consacrés par arrêt de la cour de Bordeaux, du 15 janvier 1835. (Dalloz, 1836, 2ᵉ partie, page 64.)

*Page 486, après la 23ᵉ ligne, ajoutez :*

Dans le cas où le propriétaire enclavé, qui jouissait déjà d'une servitude de passage, vient à changer la destination primitive de son fonds, il a le droit d'exiger, sauf indemnité, une extension ou modification de la servitude proportionnellement aux besoins de l'exploitation nouvelle. (Arrêt de la cour de cassation, du 8 juin 1836.)

*Page 497, après la 26ᵉ ligne, ajoutez :*

Ce qui précède ne s'applique qu'à l'hypothèse d'un chemin vicinal, *momentanément impraticable*, par accident ou défaut d'entretien.

Mais que devrait-on décider dans le cas où ce chemin serait détruit ; par exemple, si, bordant une rivière qui ne serait ni navigable ni flottable , il venait à être emporté par la violence des eaux ?

Il est évident que ce serait absolument la même chose ; que le public pourrait provisoirement passer sur la plus prochaine terre, et que son propriétaire aurait aussi droit à une indemnité.

Toutefois, il faut bien remarquer qu'à la différence de ce qui a lieu pour les chemins de halage, le long des rivières navigables et flottables , lesquels ne sont que des servitudes qui laissent la propriété aux riverains et sont presque toujours exigées sans indemnité, l'abandon que le riverain serait tenu de faire dans l'espèce que nous discutons, pour remplacer le chemin vicinal, comprendrait le fonds en propriété et constituerait une véritable expropriation ; or, le simple passage temporaire donne droit à une indemnité ; l'abandon absolu l'entraîne aussi à plus forte raison ; c'est, d'ailleurs, le droit commun résultant de la charte et du Code civil.

Le riverain aurait donc le droit de s'adresser à la commune pour la contraindre à acheter et à lui payer son terrain ; et, quoique tenu à souffrir provisoirement le passage, jusqu'à ce que l'autorité ait eu le tems de prendre ses mesures et de faire connaître ses intentions, il pourrait, après ce tems écoulé, sans qu'elle s'expliquât, reprendre sa propriété et empêcher qu'on ne s'en servît, dès qu'on ne voudrait pas la lui payer intégralement.

Le riverain aurait aussi le droit de discuter la nécessité de l'établissement du chemin sur son fonds , et de soutenir qu'il doit être fait ailleurs, à un point plus ou moins rapproché de l'ancien. Mais l'administration, juge en cette matière, serait maîtresse de repousser sa prétention et de fixer où bon lui semblerait la nouvelle loi.

Nous trouvons, au *Journal* de M. Sirey, vol. 1835, p. 577, une très-bonne dissertation de M. de Villeneuve sur la question de savoir s'il est dû une indemnité au riverain obligé de fournir le nouveau chemin.

L'auteur se prononce avec raison pour l'affirmative. Il rapporte ensuite un arrêt de la cour de cassation, du 11 août 1835, qui, sans s'expliquer positivement sur ce point, décide que, si le particulier dont on avait pris le terrain se croyait fondé à réclamer une indemnité, c'était contre la commune qu'il devait se pourvoir.

Nous avons déjà fait pressentir que les principes ci-dessus développés ne pouvaient s'appliquer au cas où un chemin de halage, ou marche-pied le long d'une rivière navigable ou flottable, serait emporté par les eaux. Le riverain, d'après la jurisprudence du conseil-d'état que nous n'admettons qu'avec des distinctions énoncées dans notre *Traité des Chemins* et notre 3ᵉ édition du *Régime des Eaux*, serait obligé de fournir sans indemnité la portion de terrain nécessaire à la formation du nouveau chemin.

FIN.

## ERRATUM.

Page 85, il faut retrancher les quatre lettres qui la terminent, et, page 86, tout le commencement, c'est-à-dire les neuf premières lignes.

www.ingramcontent.com/pod-product-compliance
Ingram Content Group UK Ltd.
Pitfield, Milton Keynes, MK11 3LW, UK
UKHW022019170726
13837UKWH00001B/291